Wilfried Hendricks (Hrsg.)

Lernen mit Neuen Medien im Strafvollzug

Reihe Pädagogik

Band 26

Wilfried Hendricks (Hrsg.)

Lernen mit Neuen Medien
im Strafvollzug

Evaluationsergebnisse aus dem Projekt e-LiS

Centaurus Verlag & Media UG 2005

Die Deutsche Bibliothek – CIP-Einheitsaufnahme

Bibliographische Information der Deutschen Bibliothek:
Die Deutsche Bibliothek verzeichnet diese Publikation in der
Deutschen Nationalbibliographie; detaillierte bibliographische Daten
sind im Internet über http://dnb.ddb.de abrufbar

ISBN 978-3-8255-0549-3   ISBN 978-3-86226-433-9 (eBook)
DOI 10.1007/978-3-86226-433-9

ISSN 0930-9462

Satz: Vorlage des Herausgebers
Umschlaggestaltung: Daniela Nicolai

Inhaltsverzeichnis

Vorwort

Das Projekt e-LiS in der Gemeinschaftsinitiative EQUAL

Das EU-Projekt e-LiS (e-Learning im Strafvollzug) bringt die sog. Neuen Medien ins Gefängnis. Es will dazu beitragen, die Beschäftigungschancen von inhaftierten Frauen, Männern und Jugendlichen auf dem Arbeitsmarkt zu verbessern, ihre Integration in die Gesellschaft zu erleichtern sowie eine erneute Straffälligkeit nach der Haftentlassung zu verhindern.

Neue Medien verbessern die Bildungsmöglichkeiten im Strafvollzug:

- Allgemein bildende und berufsbildende Angebote können mit dem Einsatz des Computers genauer auf die Bedürfnisse jedes Einzelnen zugeschnitten werden, was umso wichtiger erscheint, als in den Haftanstalten gerade Lernsondergruppen wie Lernbeeinträchtige und MigrantInnen überrepräsentiert sind.

- Da heutzutage der Umgang mit den Neuen Medien selbstverständlich geworden ist, sind die im Rahmen von e-LiS erworbenen Computerkenntnisse den Gefangenen bei der Arbeitssuche und im privaten Bereich nützlich.

- Durch die Integration der Neuen Medien in das Bildungsangebot der Haftanstalten erschließen sich neue Beschäftigungsfelder für die Inhaftierten, wie das Beispiel des Computerrecyclings zeigt.

Die in diesem Band vorgelegten Ergebnisse aus der Evaluation des Projektes e-LiS zeigen, dass die Integration Neuer Medien in die Bildungsangebote der beteiligen Haftanstalten weitgehend erfolgreich gelungen ist. Die positiven Lernerfahrungen der Inhaftierten tragen zu deren Beschäftigungsfähigkeit bei und leisten somit einen Beitrag dazu, den Teufelskreis von Inhaftierung, Ausgrenzung auf dem Arbeitsmarkt und erneuter Straffälligkeit zu durchbrechen.

e-LiS ist Teil der europäischen Gemeinschaftsinitiative EQUAL. Diese setzt sich auf breiter Basis für eine Verbesserung der Chancengleichheit, bessere Beschäftigungsmöglichkeiten und die Beseitigung von Diskriminierung auf dem Arbeitsmarkt ein. Europaweit werden in zwei Förderrunden Netzwerke von Projekten mit innovativen Ideen unterstützt. In der ersten Förderrunde von 2002 bis 2005 engagierten sich europaweit 1500 Projektverbünde, sog. Entwicklungspartnerschaften (EPs), für benachteiligte Zielgruppen auf dem Arbeitsmarkt. In Deutschland waren dabei 109 EPs mit 1100 Teilprojekten (TPs) beteiligt. Die EPs setzten sich jeweils aus EinzelakteurInnen einer Region oder eines Sektors zusammen, die aus verschiedenen Perspektiven gemeinsam an einem arbeitsmarktpolitischen Problem arbeiteten.

Das Projekt e-LiS war eine der größten deutschen Entwicklungspartnerschaften der ersten EQUAL-Förderrunde. Es wurde in sechs norddeutschen Bundesländern umgesetzt: Berlin, Brandenburg, Bremen, Hamburg, Mecklenburg-Vorpommern und Schleswig-Holstein. In allen Ländern waren die Justizverwaltungen sowohl die Initiatoren als auch aktiv an der Arbeit des Projektes beteiligt. e-LiS hat insgesamt 32 Teilprojekte[1].

Die EP e-LiS arbeitete nach einer vorbereitenden Phase für drei Jahre vom 16. Mai 2002 bis zum 15. Mai 2005. Die Teilprojekte wurden von verschiedenen Bildungsträgern umgesetzt und widmeten sich jeweils verschiedenen Aspekten und Schwerpunkten des Themas E-Learning im Strafvollzug. So beschäftigten sich zum Beispiel einzelne Teilprojekte mit dem mediengestützten Profiling und Assessment von jugendlichen Strafgefangenen, mit E-Learning im Frauenstrafvollzug oder mit der Weiterbildung der Lehrkräfte. Kernstück der gemeinsamen Arbeit in e-LiS war eine Lernplattform, die an die speziellen Bedürfnisse des Strafvollzugs angepasst wurde. Sie ermöglicht die Bereitstellung von gemeinsamem Lernmaterial und ein lernortübergreifendes Lernen in den angeschlossenen Haftanstalten.

EQUAL-Projekte werden aus dem Europäischen Sozialfonds sowie nationalen Mitteln finanziert. Als eine Art Forschungs- und Entwicklungsprogramm des Europäischen Sozialfonds entwickeln sie innovative Ansätze der Arbeitsmarktpolitik mit unterschiedlichen thematischen Schwerpunkten. Gemeinsames Anliegen aller Entwicklungspartnerschaften ist das Ziel, erfolgreiche Initiativen nach der Erprobung in die Regelsysteme der Arbeitsmarktpolitik zu überführen. Dieser Prozess wird als Mainstreaming bezeichnet. Er richtet sich auf regionaler, nationaler und auch europäischer Ebene an die maßgeblichen Arbeitsmarktakteure wie die Politik, die Sozialpartner und Bildungseinrichtungen.

e-LiS hat die EQUAL-Strategie des Mainstreaming bereits weitgehend erfolgreich und nachhaltig umgesetzt:

• Sowohl die Kooperationsstrukturen zwischen den beteiligten Bundesländern als auch die aufgebaute Lernplattform werden nach Projektende weiter bestehen und ausgebaut.

• Die gewonnenen Erkenntnisse und Erfahrungen zum Einsatz Neuer Medien im Unterricht werden weiter für die Bildungsarbeit im Strafvollzug genutzt.

---

1   Siehe auch www.e-lis.de

- Der Einsatz Neuer Medien im Strafvollzug wird – unter anderen Schwerpunkten – in mehreren neuen Entwicklungspartnerschaften der zweiten Förderrunde von EQUAL weiterentwickelt.

Die Arbeit von Entwicklungspartnerschaften in der Gemeinschaftsinitiative EQUAL geht über den nationalen Rahmen hinaus. In vielfältigen transnationalen Aktivitäten wurden mit Entwicklungspartnerschaften anderer europäischer Staaten Konzepte, Erfahrungen und Ergebnisse ausgetauscht und gemeinsam Produkte entwickelt. e-LiS arbeitete hier u. a. mit Partnern aus Frankreich, Großbritannien, den Niederlanden, Österreich und Spanien zusammen.

TELFI – das Partnerprojekt in Österreich

Die österreichische Entwicklungspartnerschaft TELFI (Telelernen für HaftinsassInnen) versuchte ebenfalls, einen Beitrag dazu zu leisten, dass in Zukunft mehr Strafgefangene besser auf die Anforderungen des Lebens nach einer Haft, besonders unter den Perspektiven des Arbeitsmarktes, vorbereitet werden. Durch E-Learning-Kurse für HaftinsassInnen mit arbeitsmarktrelevanten Inhalten werden die im Strafvollzug bereits bestehenden Weiterbildungsangebote ergänzt.

Qualifikationsmaßnahmen alleine sind oft nicht ausreichend, um die Chance der Integration von Gefangenen oder Haftentlassenen in den Arbeitsmarkt wirklich zu verbessern. Dazu bedarf es einer integrierten Annäherung, die das „Davor", das „Danach" und auch das „Jetzt" mit einbezieht. Im Rahmen von TELFI werden die KursteilnehmerInnen daher in einem von Psychologinnen geleiteten Auswahlverfahren ausgewählt und erhalten wöchentliche Gruppengespräche.

TELFI ist zwar auf die Projektlaufzeit vom 15. September 2002 bis zum 14. September 2005 sowie auf die sechs Projektanstalten Schwarzau, Gerasdorf, Wien-Simmering, Wien-Josefstadt, Stein und Wels beschränkt; die Angebote, Erfahrungen und Produkte des Projektes sollen aber auch nach der Projektzeit weiter genutzt werden. Nicht zuletzt im Hinblick auf die Etablierung und Ausweitung von E-Learning im Strafvollzug wird im Rahmen von TELFI ein eigener „Strafvollzugsbildungs-Server" eingerichtet, der Organisation und Durchführung von Kursen unterstützen und erleichtern soll.

Aufgabenfelder der Entwicklungspartnerschaft e-LiS

Die EP e-LiS fasste ihre vielfältigen Aktivitäten in Aufgabenfeldern zusammen, in denen einzelne Teilprojekte miteinander themenspezifisch kooperierten. Zudem wurden einzelne Querschnittsaufgaben, wie Gender Mainstreaming und Evaluation, von einzelnen Partnern für die gesamte EP wahrgenommen.

Jugendliche

Eines der Kernziele von e-LiS war die Verbesserung der Chancen von sozial benachteiligten bzw. delinquenten Jugendlichen beim Zugang zu Ausbildung und Erwerbstätigkeit. Im Jugendstrafvollzug gab es unterschiedliche Akzentsetzungen bei der Arbeit mit und am Computer, wie z. B. Hardwarekurse, Computerrecycling, Nutzung von Bildungssoftware im allgemein bildenden Unterricht sowie berufliche Orientierungs- und Qualifizierungskurse zur Unterstützung bei der Haftentlassung. Die Entwicklung von Medienkompetenz hatte einen hohen Stellenwert in verschiedenen Teilprojekten.

Frauen

In den Justizvollzugsanstalten für Frauen lernten die Inhaftierten in den Bereichen der allgemeinen und beruflichen Bildung mit Softwareunterstützung. Sie entwickelten darüber hinaus ihre Medienkompetenz. Durch unterschiedliche Lernmodule und -aktivitäten, die aufeinander aufbauten, aber auch einzeln nutzbar waren, konnte auf die unterschiedlichen Bedürfnisse der inhaftierten Frauen eingegangen werden. So erwarben Haftinsassinnen auf diese Weise zum Beispiel den Europäischen Computerführerschein oder nutzten in ihrer Freizeit computerbasierte Lerninseln zur Weiterbildung.

Männer

Durch die neuen Technologien konnte e-LiS das schulische und berufliche Lernen von inhaftierten Männern modernisieren. Neben der Vermittlung von informationstechnischen Kenntnissen spielte vor allem der Erwerb der Fähigkeit, mit verfügbaren Informationen verantwortungsvoll umzugehen, eine wichtige Rolle. Es wurden mediengestützte Qualifizierungsmodule im Bereich der Grundbildung neu entwickelt und erprobt oder mit dem Computerrecycling ein neues Beschäftigungsfeld für die Gefangenen erschlossen.

Train the Trainer

e-LiS wollte die umfassende Anwendung multimedialen Lernens im Schul- und Berufsschulunterricht der Justizvollzugsanstalten erreichen. Die Lehrenden müssen dazu sowohl über die angemessene didaktisch-methodische Kompetenz im Umgang mit Informations- und Kommunikationstechnologien als auch über ein entsprechendes technisches Wissen verfügen. Den Lehrenden, die im Strafvollzug unterrichten, wurde deshalb eine Vielzahl entsprechender Fortbildungen angeboten. Außerdem fand für die MitarbeiterInnen der Anstalten Weiterbildung zu vollzuglichen Themen statt. Hierfür wurden multimediale Lerneinheiten, zum Beispiel zu Sicherheitsbelangen oder zur Gesundheitsförderung, in Haftanstalten produziert und auf der Lernplattform angeboten.

Lernplattform

e-LiS entwickelte eine eigene technologische Infrastruktur für webbasierte E-Learning-Konzepte. Die e-LiS-Lernplattform wurde auf der Basis einer Open-Source-Lösung (ILIAS) den speziellen Bedürfnissen der Bildungsarbeit im Strafvollzug angepasst. Von besonderer Bedeutung waren hierbei die Sicherheitsbedürfnisse des Strafvollzugs, die ein eigenes Sicherheitskonzept für die Lernplattform notwendig machten. Dieses ermöglicht es, auf der Lernplattform zentral Lerninhalte anzubieten, die von den beteiligten Haftanstalten über sichere Internet-Verbindungen abgerufen werden können. Die Lernplattform unterstützt zudem anstaltsübergreifende Lernort-kooperationen und Weiterbildungsangebote für das Personal des Strafvollzugs[2].

Gender Mainstreaming

Gender Mainstreaming steht für die Herstellung von Chancengleichheit beider Geschlechter auf allen Ebenen und in allen Maßnahmen von Entwicklungspartnerschaften. Es ist ein gemeinsames Ziel aller EQUAL-Entwicklungspartnerschaften. Insofern war auch e-LiS bestrebt, den Ansatz des Gender Mainstreaming in den beteiligten Institutionen und Arbeitsgebieten umzusetzen. In den einzelnen Teilprojekten wurden hierfür spezielle Beratungs- und Schulungsmaßnahmen angeboten.

Evaluation

Entwicklungspartnerschaften innerhalb von EQUAL werden extern evaluiert, d. h. deren Entwicklungsprozesse in den Teilprojekten werden kritisch begleitet und bewertet. Für die Entwicklungspartnerschaft e-LiS hat das IBI – Institut für Bildung in der Informationsgesellschaft (Berlin) die Evaluation übernommen. Es zeichnet auch für die vorliegende Veröffentlichung verantwortlich.

---

2   Der Einsatz der Lernplattform in Bildungsmaßnahmen Strafgefangener erfolgte am Ende des e-LiS-Projektes. Die Evaluation konnte aus Zeitgründen die Erfahrungen mit der Lernplattform nicht untersuchen.

Rolle und Aufgabe der Evaluation

Welche Aufgaben hat die Evaluation im Kontext des EQUAL-Programms und der Entwicklungspartnerschaften zu erfüllen? Wir verstehen unter Evaluation die *„systematische Anwendung sozialwissenschaftlicher Forschungsmethoden zur Beurteilung der Konzeption, Ausgestaltung, Umsetzung und des Nutzens sozialer Interventionsprogramme."* (Rossi, Freeman und Hofmann, 1988[3]).

Die Programmevaluation von EQUAL ist für die Gesamtbewertung des Programms und der Programmerfolge in Deutschland zuständig. Daneben verfügt jede Entwicklungspartnerschaft in EQUAL jeweils über eine eigene Evaluation, die die Entwicklungsprozesse im Projekt kritisch begleitet und bewertet.

Den Schwerpunkt der Evaluation für e-LiS hat das IBI auf die Prozessbegleitung, d. h. auf die formative Evaluation gelegt. Die Ergebnisse und daraus abgeleitete Schlussfolgerungen und Empfehlungen wurden regelmäßig an die Beteiligten zurück gemeldet und gemeinsam diskutiert. Evaluation war somit als konstruktives Begleiten der Teilprojekte und der Entwicklungspartnerschaft gedacht. Mit einem multiperspektivischen Zugang stellte das IBI sicher, dass verschiedene Sichtweisen und Ebenen miteinbezogen werden konnten (also z. B. ProjektleiterInnen und Kurs-TeilnehmerInnen). Daneben wurden auch – im Sinne einer Erfolgskontrolle (summative Evaluation) – die Stärken und Schwächen am Ende des Projekts analysiert. Außerdem hat die Evaluation die Aufgabe, die Projektergebnisse zu dokumentieren und einer breiteren Öffentlichkeit zugänglich zu machen.

Die Unterschiedlichkeit der Einzelprojekte innerhalb von e-LiS stellte eine große Herausforderung für die Evaluation dar. Um ein möglichst umfassendes Bild zu erhalten, wurden sehr viele Teilprojekte in eine Evaluation miteinbezogen, die teilprojektübergreifende Fragestellungen verfolgte; für die nötige Tiefe sorgten ergänzende Fallstudien, die in Absprache mit den ProjektleiterInnen entworfen und durchgeführt wurden.

Vorschau auf die Beiträge des Buches

Förg geht in ihrem einleitenden Beitrag „E-Learning – Einsatzformen und Erfolgsfaktoren" auf die Entstehung des Begriffs „E-Learning" sowie auf Formen und Voraussetzungen ein. Außerdem diskutiert sie Chancen und Grenzen von E-Learning.

---

3   Rossi, P. H., Freeman, H. E., Hofmann, G. (1988). Programm-Evaluation. Einführung in die Methoden angewandter Sozialforschung. Stuttgart: Enke.

Schnetter zeigt in dem Beitrag „Der Computer kann Motivation und Leistung steigern" anhand der teilprojektübergreifenden Evaluationsergebnisse, inwieweit sich der Computer als Motivationswerkzeug für Strafgefangene eignet. Sie kommt zu dem Schluss, dass sowohl aus Sicht der TeilnehmerInnen als auch der DozentInnen EDV-Grundlagen-Kurse und Unterricht mit Unterstützung des Computers sinnvolle Innovationen im Bildungsbereich des Strafvollzugs sind. Ferner weist sie darauf hin, dass der Unterricht durch den Einsatz von Computern effektiver wird: Die Leistungen der jugendlichen Strafgefangenen sind umso besser, je häufiger sie mit dem Computer lernen – unabhängig davon, ob sie den Umgang mit Microsoft Office lernen oder sich mit Lernsoftware weiterbilden.

Matt beleuchtet in dem Beitrag „Erfahrungen mit EDV-Kursen in der Justizvollzugsanstalt Bremen" die Besonderheiten des Erwachsenenstrafvollzugs für Männer und berichtet über ausgesuchte Ergebnisse aus zwei Kursen in der JVA Bremen. Er legt dar, wie sich die Motivation und das Teilnahmeverhalten durch die Kurse verändern und welche Bedeutung die EDV-Kurse für die Arbeitsmarktintegration aus Sicht der Teilnehmer haben. Neben der Vermittlung von Fachkenntnissen steht der Aufbau von Selbstbewusstsein und sozialen Kompetenzen im Vordergrund, so sein Resümee.

Sorger berichtet in dem Beitrag „Die Teilnahme hat sich auf jeden Fall gelohnt – Ergebnisse der Begleitforschung zum Projekt TELFI" von den Ergebnissen aus dem österreichischen Projekt TELFI – Telelernen für HaftinsassInnen. Sie geht kurz auf die Lage des österreichischen Strafvollzugs ein und beschreibt das Projekts TELFI. Ihren Ergebnissen zufolge werden die Kurse und die begleitenden Maßnahmen (psychologische Begleitung und Nachsorgearbeit) durchweg sehr positiv bewertet.

Förg referiert in dem Beitrag „Computerkurse im Frauenstrafvollzug – ein Schlüssel zu neuen Lernerfahrungen und Berufsaussichten" die Ergebnisse einer e-LiS-Fallstudie. Hier wurde die Wirkung von Computerkursen im Frauenstrafvollzug im Rahmen einer qualitativen Befragung untersucht. Sie kommt zu dem Schluss, dass das Lernen mit und am Computer neben dem Erwerb von Kompetenzen und Wissen von den Frauen im Strafvollzug als eine wichtige Grundlage für die berufliche und soziale Integration nach der Entlassung angesehen wird. Die Frauen gewinnen wieder Spaß am Lernen, sind motiviert und leistungsorientiert, erweitern ihr Berufsspektrum und haben positive berufliche Selbstwirksamkeitserwartungen. Nebenbei gibt es Anzeichen, dass das Lernen mit dem Computer den Erwerb von Schlüsselkompetenzen fördert.

Schnetter geht in ihrem Beitrag „Lernsoftware im Unterricht – eine Fallstudie in den Jugendstrafanstalten Brandenburgs" auf die Erfahrungen mit dem Einsatz von Bildungssoftware innerhalb von e-LiS an den Jugendstrafanstalten des Landes Brandenburg ein. Sie hat dazu telefonische Interviews mit zehn LehrerInnen durchgeführt. Sie kommt zu dem Ergebnis, dass die Lehrenden sehr unterschiedlich gegenüber Bildungssoftware eingestellt sind und dementsprechend unterschiedlich stark bereit sind, Software in ihren Unterricht zu integrieren. Neben Vorteilen, wie z. B. mehr Motivation seitens der Lernenden oder neue Möglichkeit der Binnendifferenzierung, sehen die Lehrenden Probleme, z. B. in der Technik und in der Qualität und der Quantität der Ausstattung. Schnetter sieht einen Zusammenhang zwischen Intensität der Erfahrung in der Arbeit mit (Bildungs-)Software und Belastungen durch Nutzung von Software: Je mehr Erfahrung, desto geringer die Probleme. Sie stellt dar, welche Kompetenzen Lehrende haben, die Lernsoftware regelmäßig einsetzen, und wie sie ihre Bildungsarbeit didaktisch-methodisch gestalten. Abschließend gibt sie Empfehlungen, wie der Einsatz von Lernsoftware im Unterricht weiter gefördert werden kann.

Schnetter und Lang berichten in ihrem Beitrag „Formen der Betreuung beim selbstgesteuerten Lernen" über die Ergebnisse einer weiteren e-LiS-Fallstudie. In dieser experimentellen Studie untersuchten sie, wie intensiv die Betreuung während einer Schulung sein muss, um möglichst gute Lernergebnisse zu erhalten. Mittels statistischer Analysen bestätigen die Autorinnen ihre Hypothese, dass die Art des Kontaktes zwischen Auszubildendem und Lerncoach mit Motivation und Leistung der Lernenden zusammenhängt. Der Beitrag beschreibt daneben auch die Erfahrungen der Lerncoaches und der Auszubildenden, die zum Schluss führen, dass eine virtuelle Betreuung über einen Chat für die Zielgruppe nicht ausreichend ist. Abschließend werden verschiedene Empfehlungen erörtert, wie E-Learning in Zukunft im Strafvollzug effektiv eingesetzt werden kann.

Berlin im Mai 2005
Wilfried Hendricks – Christian Pfeffer-Hoffman

1 E-Learning – Einsatzformen und Erfolgsfaktoren

Sonja Förg

Zusammenfassung

Dieser Artikel beschäftigt sich mit Einsatzformen und Erfolgsfaktoren von E-Learning und bildet damit eine Grundlage für die folgenden Artikel. Zunächst werden computerbasiertes und webbasiertes Training, virtuelle Seminare und Lernplattformen voneinander abgegrenzt. Anschließend werden Chancen und Risiken sowie Voraussetzungen von E-Learning diskutiert. Der Erfolg von E-Learning hängt von vielen Faktoren ab, jedoch maßgeblich vom Lernenden selbst, so das Fazit des Artikels.

Einleitung

Jeder, der sich mit E-Learning beschäftigt, stellt sich die Frage, was E-Learning genau ist und welche Faktoren es erfolgreich machen. Auf beide Fragen ist es schwer, eindeutige Antworten zu geben. Zum einen kursieren zahlreiche Synonyme und Definitionen im Zusammenhang mit E-Learning. Bedeutungsgleich mit dem Begriff E-Learning werden etwa „Lernen mit neuen Medien", „multimediales Lenen", „computerunterstütztes Lernen" und „Telelernen" verwendet. Minaas (2002) hat sich um eine Systematisierung bemüht und fasst alle derzeit in der wissenschaftlichen Literatur verwendeten Definitionen folgendermaßen zusammen: *„E-Learning sind Systeme, die zeit- und ortsunabhängig Lerninhalte mittels digitaler Medien an Gruppen und Individuen vermitteln."* (Minaas, 2002, S. 27). Zum anderen ist auch unklar, welche Faktoren den Erfolg von E-Learning bestimmen und wie diese untereinander zusammenhängen. Bisher war die Diskussion eher technikorientiert, thematisierte vorrangig das technisch Machbare und vernachlässigte die Bedürfnisse des Lerners. In jüngerer Zeit gab es allerdings einen Sichtwechsel hin zum Lerner (Ehlers, 2004), zumal neuere Studien belegen, dass der Erfolg von E-Learning vom Lernenden abhängt (z. B. ASTD, Masie Center 2001). Obwohl diese Studien den Lernenden in den Vordergrund stellen, fehlen immer noch gesicherte Erkenntnisse zu dessen subjektiven Bedürfnissen, zum Beispiel im Hinblick auf eine Betreuung beim Lernen. Empirische Befunde fehlen ferner zu der Rolle der DozentInnen/TutorInnen beim Lernen mit Neuen Medien. Dieser Beitrag möchte eine Einführung in das Thema E-Learning geben und Einsatzformen, Probleme und Voraussetzungen für effektives E-Learning beleuchten.

Formen des E-Learnings

Mediengestütztes Lernen gab es lange bevor E-Learning in aller Munde war. Bereits in den 60er Jahren beschäftigte man sich mit den Möglichkeiten von Computeranwendungen, um Lernen zu optimieren. Im Vordergrund standen dabei so genannte „Lehrmaschinen", die Schüler nach dem „Drill-&-Practice"-Prinzip unterrichten sollten, was auch mit „Programmierten Lernen" bezeichnet wurde.[4] Die Pädagogik brachte in der Folgezeit hauptsächlich technische Neuerungen heraus (z. B. Sprachkassetten, Bildungsfunk- und fernsehen). Ob die Lernenden damit wirklich besser lernten, war weniger Gegenstand der Betrachtung. Die Kritik an der einseitigen Sichtweise von Lernen als mechanischem Prozess und die Verbreitung von Computer und Internet belebten die Entwicklung von mediengestütztem Lernen aufs Neue.

Als eigentliche Vorläufer des E-Learnings können Dokumente und Informationen in Unternehmensnetzwerken angesehen werden (Littig, 2002). Das Spektrum an E-Learning-Anwendungen ist weit gefächert. Es reicht von einfachen Nachschlagewerken auf CD-ROM bis hin zu komplexen Lernplattformen mit virtuellen Kommunikationsforen. Dazwischen gibt es zahlreiche Abstufungen und Variationen. Auch die Qualität variiert zum Teil erheblich, was die Auswahl von geeignetem digitalem Lernmaterial erschwert. Das IBI – Institut für Bildung in der Informationsgesellschaft versucht durch die Verleihung des digita[5] (Deutscher Bildungssoftware Preis) dem Käufer Orientierung und Hilfestellung geben. Die Veranstalter zeichnen mit dem digita multimediale Lernangebote aus, die inhaltlich und formal als hervorragend und beispielgebend gelten können.

Aber was genau ist ein computerbasiertes Training und wie lässt sich ein webbasiertes Training von einem virtuellen Seminar abgrenzen? Die Dimensionen von Dittler (2002) bieten dafür ein Raster. Mit dessen Hilfe lassen sich die einzelnen E-Learning-Formen systematisch unterscheiden. Außerdem lassen sich so die Vor- und Nachteile der einzelnen Lernformen gut herausarbeiten.

- Zentralistisches vs. verteiltes Lernen: Diese Dimension beschreibt die Abhängigkeit des Lerners vom Lernort. Ist der Lerner in der Wahl des Lernortes frei oder muss er zu einer bestimmten Veranstaltung anwesend sein?

---

4   Die Vertreter dieser behaviouristischen Sichtweise gingen davon aus, dass Lernen erfolgreich ist, wenn der Lerner bei seiner Lernaktivität Erfolg erlebt. Zentrales Element war deshalb die Belohnung, mittels derer Lernen verstärkt werden sollte. Bekanntester Vertreter ist Skinner (1974).

5   Träger des digita sind das IBI - Institut für Bildung in der Informationsgesellschaft, bild der wissenschaft und die Stiftung Lesen. Der digita wird einmal jährlich verliehen. Näheres zum digita findet sich unter www.digita.de.

- Personenzentriertes vs. medienzentriertes Lernen: Diese Dimension betrifft die Art der Vermittlung des Lernstoffs. Damit lässt sich konkretisieren, ob eine Lehrperson dem Lerner den Lernstoff näher bringt oder ob ihm der Lernstoff ausschließlich über Medien vermittelt wird.

- Synchrones vs. asynchrones Lernen: Mittels dieser zeitlichen Dimension lässt sich beschreiben, inwieweit der Lernende zeitlich unabhängig ist, d.h. den Zeitpunkt des Lernens frei wählen kann.

- Rezeptives vs. interaktives Lernen: Diese Dimension betrifft die Vorgehensweise des Lernenden und beschreibt, inwieweit der Lerner während des Lernens aktiv ist und das Lerngeschehen beeinflussen kann.

Anhand dieser Dimensionen werden nun computerbasiertes Training (CBT), webbasiertes Training, virtuelle Seminare und Lernplattformen voneinander abgegrenzt (vgl. Dittler, 2002).

Computerbasiertes Training (CBT)

Mit computerbasierten Trainings (CBT) werden Lernprogramme auf CD-ROM oder DVD bezeichnet. Sie sind dadurch gekennzeichnet, dass sie eigenständige Anwendungen sind, die vom Lernenden an einem Computer ohne Internetanbindung gestartet werden können, worin neben dem umfassenden Einsatz von Multimedia-Inhalten (Ton, Bilder etc.) ein wesentlicher Vorteil liegt. Allerdings können die Lerninhalte nicht aktualisiert werden. Die Bandbreite von computerbasierten Trainings reicht von so genannten Drill-&-Practice-Programmen wie etwa einem Vokabeltrainer, bei dem sich der Lernende den Lernstoff durch einfaches Wiederholen aneignet, bis hin zu virtuellen Sprachlernwelten, in denen er sich frei durch eine dreidimensionale Lernumgebung bewegt, sich mit künstlichen Personen unterhält und mittels Spracheingabe und (Hörverstehens-)Übungen seine Sprachkenntnisse verfestigt. „Intelligente" Programme passen sich dem Lernenden sogar an und bieten ihm unterschiedliche Lernwege gemäß den vorher gemachten Eingaben an.

Anhand der vier oben beschriebenen Dimensionen lässt sich Lernen mit einem computerbasierten Lernprogramm wie folgt beschreiben: Das Lernen ist „verteilt", was bedeutet, dass der Lernende selbst entscheiden kann, wo er lernen möchte: Er ist nicht an einen bestimmten Ort gebunden. Wissen wird über ein Medium, nicht über eine Person vermittelt, weswegen man von medienbasiertem Lernen spricht. Das Lernen ist nicht nur weitgehend orts-, sondern auch zeitlich unabhängig, so dass asynchrones Lernen möglich wird: In einem „normalen" Seminar lernen die TeilnehmerInnen, während der Dozent die Lerninhalte präsentiert. Bei computerbasiertem Lernen kann der Lernende den Zeitpunkt selbst wählen. Außerdem ist das Lernen – je nach Programmgestaltung – als interaktiv zu bezeichnen, wenn es den Lernenden möglich ist, Eingaben zu machen, Lerninhalte auszuwählen und so den Verlauf der Präsentation der Lerninhalte individuell zu beeinflussen.

Webbasiertes Training (WBT)

Im Gegensatz zu computerbasierten sind webbasierte Trainings (WBT) auf einen Internetzugang angewiesen. Bei dieser Form des Lernens sind alle Lerninhalte zentral auf einem Webserver abgelegt und können vom Lernenden – meist nach vorheriger Anmeldung – abgerufen werden. Der Lernende ist während des gesamten Lernvorgangs mit dem Webserver verbunden. Ein Vorteil liegt darin, dass Lerninhalte ständig aktualisiert werden können. Ein derzeit noch ungelöstes Problem ist die noch nicht flächendeckende Verbreitung von schnellen Internetverbindungen. Daher muss der Medieneinsatz auf wenig speicherintensive Medien wie Texte, Bilder etc. beschränkt bleiben; speicherintensive Medien wie Filme können nur sparsam eingesetzt werden. Mit der Zunahme von Breitbandverbindungen dürfte sich dieses Problem in Zukunft allerdings von selbst lösen.

Der methodisch-didaktische Vorteil liegt unter anderem in der Möglichkeit zur Kooperation mit anderen Lernern: Während computerbasierte Trainings meist von einem Lernenden einzeln bearbeitet werden, können bei einem webbasierten Training mehrere Lerner miteinander gemeinsam lernen (kooperatives Lernen). Ein Vorteil dabei ist, dass sich die Lernenden gegenseitig motivieren können. Für einen direkten Austausch miteinander müssen allerdings beide zeitgleich am Rechner sitzen (synchron). Aufgrund der technischen Struktur handelt es sich um verteiltes Lernen, das unter der Voraussetzung eines Internetzugangs ortsunabhängig stattfinden kann. Wie bei computerbasierten Trainings spielt der Lehrende eine untergeordnete Rolle (medienzentriertes Lernen).

Virtuelle Seminare

Der Begriff „Virtuelle Seminare" bezeichnet Online-Seminare, bei denen eine Lehrperson zu einem verabredeten Zeitpunkt ein Seminar abhält, dem die TeilnehmerInnen im Internet folgen. Bei virtuellen Seminaren bereitet der Lehrende meist den Lerninhalt vor und stellt das nötige digitale Lernmaterial zusammen. Zu einem verabredeten Zeitpunkt wählen sich die Lernenden (können weltweit verteilt und zahlenmäßig unbeschränkt sein) unter der Web-Adresse des virtuellen Seminars ein und folgen dem Unterricht videounterstützt auf dem eigenen Rechner. Virtuelle Seminare versuchen die Vorteile mediengestützten Lernens mit denen traditioneller Lehrveranstaltungen/Workshops zu verbinden. Es lassen sich mehr Personen ansprechen, daneben können Lehrperson und Lernende zeitgleich miteinander kommunizieren. Der Lernende kann Fragen stellen und erhält unmittelbar eine Rückmeldung. So kann die Lehrperson das Vorwissen des Lernenden berücksichtigen. Im Vergleich zu einem Präsenzseminar stehen die Lernenden weder untereinander noch mit dem Dozenten in physischem Kontakt. Dadurch fehlen dem Dozenten wesentliche Informationen, wie etwa nonverbale Kommunikationssignale der Teilnehmenden, in denen sich Interesse oder Desinteresse widerspiegelt. Nicht immer gelingt es, die Vorteile von computer- und webbasierten Trainings mit denen von Präsenzschulungen in virtuellen Seminaren zu bündeln: Die Lernenden sind zwar örtlich ungebunden und bekommen den Lernstoff dennoch von einer Lehrperson vermittelt. Allerdings müssen Lernenden und Lehrenden gleichzeitig an der Veranstaltung (synchrones Lernen) teilnehmen, wenn sie miteinander kommunizieren möchten. Virtuelle Seminare lassen sich zwar auf Datenträgern speichern und können so auf Abruf angeboten werden, allerdings geht dann der Vorteil der Interaktion und Kommunikation dabei für die Lernenden verloren. Auch Grad und Art der in virtuellen Seminaren möglichen Interaktionen hängen stark von dem Thema und der Anzahl der TeilnehmerInnen ab: Kann der Lehrende bei einer kleinen Gruppe noch direkt Fragen stellen oder jeden gezielt ansprechen, ist ihm das bei größeren Gruppen nicht mehr möglich.

Lernplattformen[6]

Lernplattformen stellen laut Definition eine Weiterentwicklung der vorherigen E-Learning-Formen dar, indem sie dem Lernenden ein umfassenderes Lernangebot anbieten, welches um eine individuelle Betreuung ergänzt wird. So können beispielsweise Fragen im direkten Austausch geklärt werden. Der Lernende kann über eine

---

6 Bei Dittler (2002) werden diese auch als Lern-Portale bezeichnet. Da sich in der Praxis in den letzten Jahren der Begriff „Lernplattform" durchgesetzt hat, wird im Folgenden auf den Begriff Lern-Portal verzichtet.

Internet- oder Intranetplattform auf verschiedenste Lernangebote zugreifen. Darunter fallen neben den vorher genannten E-Learning-Formen etwa Schulungsunterlagen und Studienbriefe zum Herunterladen, eine Sammlung von Fragen und Antworten, Diskussionsforen und Chats, um nur einige zu nennen. Lernplattformen versuchen also die Vorteile des mediengestützten Lernens und des Präsenzlernens in weitaus stärkerem Maße zu kombinieren als virtuelle Seminare.

Anhand der Dimensionen lässt sich weiter spezifizieren: Das Lernen kann sowohl medienzentriert (WBT, elektronische Studienbriefe und Schulungsunterlagen) als auch personenzentriert (virtuelle Seminare) ablaufen, da die angebotenen Lernmedien um synchrone und asynchrone Kommunikationsformen erweitert werden. Während bei der individuellen Beschäftigung mit den einzelnen Lernmedien das asynchrone Lernen überwiegt, ist synchrones Lernen in speziellen Bereichen wie etwa in Diskussionsforen möglich.

In der Praxis hat sich gezeigt, dass der Einsatz und die Umsetzung von Lernplattformen weit hinter den Erwartungen zurück blieben. So werden die Kommunikationsmöglichkeiten bei dieser Lernform vielfach noch in unzureichender Weise genutzt. Außerdem fühlen sich die Lernenden oft schlecht betreut. Auch virtuelle Seminare sind eher die Seltenheit im Angebot, meist gibt es lediglich Seminarunterlagen und Skripte zum Herunterladen. Neue Funktionen wie Chats und Foren werden von den TeilnehmerInnen oft spärlich genutzt und bieten dem Einzelnen keine wirkliche Lern-hilfe. Oft fehlt es an moderierten und terminlich vereinbarten Chats für alle TeilnehmerInnen. Viele Lernplattformen sind außerdem von einer schlechten Bedienbarkeit und technischen Mängeln gekennzeichnet, was die Lernfreude ebenfalls schmälert. Schulmeister kommt zu einem sehr kritischen Resümee seiner Untersuchungen von Lernplattformen. Lernumgebungen stellen *„eher eine Krücke als eine Bereicherung dar"* (Schulmeister, 2003). Alleine für Teilzeit-Studierende und Fernuniversitäten erscheinen ihm diese Angebote derzeit sinnvoll.

Chancen und Risiken

Grundsätzlich ist es schwierig, übergreifende Vor- und Nachteile des E-Learnings zu benennen, da es je nach Ausprägungsform unterschiedliche Schwerpunkte und Probleme gibt. Waren anfangs die Aussagen in Bezug auf das „neue Lernen" noch verheißungsvoll, macht sich zunehmend Zurückhaltung breit. So wird mittlerweile eher vorsichtig vermutet, dass E-Learning das Interesse am Lerngegenstand und flexibles Denken fördern und neue Lernerfahrungen und -strategien ermöglichen könne (Weidenmann, 2002). Generell werden die Vorteile von E-Learning gegenüber herkömmlichen Lernformen vor allem darin gesehen, dass der Lernende seinen Lernprozess selbst gestalten kann. Er kann sein Lernen selbst organisieren, Zeitpunkt und Lerntempo frei wählen, sich aktiv mit dem Lerngegenstand auseinandersetzen, z. B. indem er sich Wissensgebiete selbst aussucht und Übungsaufgaben dazu auswählt. Außerdem stehen ihm neben einer Vielzahl an Inhalten auch zahlreiche Kommunikations- und Kooperationsmöglichkeiten zur Auswahl. So kann er z. B. auf einer Lernplattform per E-Mail mit anderen Lernenden in Kontakt treten, sich zu Lerngruppen zusammenschließen oder eine Frage im Forum hinterlassen. Gerade diese Komplexität und Freiheit könne ihn jedoch überfordern und berge die Gefahr, dass er sich im Informationsraum verliere („Lost in Hyperspace"), warnen manche Autoren (z. B. Tergan, 2004). Welche Lerngruppe bietet für ihn die günstigsten Lernvoraussetzungen? Welches Wissensgebiet soll er zuerst bearbeiten? In welcher Frequenz soll er Lernen und Üben wechseln? Wie häufig soll er Kontakt mit anderen aufnehmen? Und bringt er überhaupt die Motivation auf, sich regelmäßig auf der Lernplattform einzufinden und sich mit dem Lernstoff auseinander zu setzen? Wie geht er mit technischen Problemen um? Diese Fragen zeigen, dass auf die Lernenden eine Fülle von Anforderungen zukommt, die nicht zwangsläufig vorausgesetzt werden können. Nicht zuletzt deshalb wurde das E-Learning in der Vergangenheit weiterentwickelt. Neue Lernformen wie das so genannte „hybride Lernen" oder „Blended Learning" versuchen die genannten Probleme zu überwinden, indem sie E-Learning mit klassischem Lernen kombinieren. Präsenzphasen wechseln sich mit Onlinephasen ab. Die Präsenzphasen werden genutzt, um Lernfortschritte zu dokumentieren, Fragen zu klären und Erfahrungen auszutauschen. Meist werden grundlegende Techniken des eigenständigen Lernens vermittelt, wie das Führen eines Lerntagebuches oder das Anfertigen von Lernplänen. So werden die Lernenden mit ihren Problemen nicht alleine gelassen.

Dass auch diese Lernform Tücken birgt, zeigen Schnetter (Kapitel 6) und Sorger (Kapitel 4) in ihren Beiträgen; nicht nur die Lernenden, auch die TrainerInnen oder Lerncoaches müssen über bestimmte Kompetenzen verfügen; eine physische Anwesenheit ist durch eine virtuelle nicht einfach zu ersetzen.

Voraussetzungen für effektives E-Learning und die Rolle der Selbststeuerung

Wann ist E-Learning erfolgreich? Diese Frage bedeutet zugleich: Wann ist Lernen erfolgreich? *„Wissen kann nicht einfach von einer Person an die andere weiter gereicht werden"* (Mandl et al., 2002, S. 140). Auch E-Learning-Angebote können immer nur Angebote sein. Wie der Lernende sie nutzt, hängt entscheidend von ihm selbst ab und dabei maßgeblich von seinem Vorwissen ab, von seiner Motivation und von seinen Kompetenzen im selbstgesteuertem Lernen und im Umgang mit Medien – um nur einige Aspekte zu nennen. Die Gestaltung des Lernarrangements beeinflusst zwar das Lernen, ist jedoch nicht lernentscheidend. Viel wichtiger sind seine Kompetenzen im selbstgesteuerten Lernen, weil sie ihn bei der Informationsaufnahme und -verarbeitung stark beeinflussen.

Für „selbstgesteuertes Lernen" gibt es zahlreiche Definitionen und Begriffe, auf die hier nicht näher eingegangen werden soll. Gemeinsam ist allen Ansätzen, dass Lernen als aktiver, konstruktiver und zielorientierter Prozess angesehen wird, bei dem der Lernende ein bestimmtes Lernziel verfolgt, den Lerninhalt aktiv aufnimmt und mit bereits vorhandenem Wissen verknüpft (Simons, 1992). Selbstgesteuerten Lernen mit elektronischen Medien setzt voraus, dass der Lernende weiß, wie er zu lernen hat und wie er mit der Technik umgehen muss. Der Lernende muss Verantwortung für seinen Lernprozess übernehmen.

Ob wir lernen oder nicht, wird aber auch maßgeblich davon bestimmt, ob wir motiviert sind, zu lernen (Heckhausen, 1987; Deci und Ryan, 1993). Die Motive, die uns antreiben, können sich allerdings unterscheiden und sind nicht nur intrinsischer[7] Natur. Wer hat nicht in der Schule gelernt, weil er Lob von den Eltern oder den Lehrern einsammeln wollte oder weil er sich nicht vor den anderen blamieren wollte? Auch die Mühen einer Weiterbildung werden nicht nur aus persönlichen Gründen in Kauf genommen, oftmals spielen andere Faktoren wie etwa das „Weiterbildungsklima" in einer Organisation eine Rolle. Ein genauer Blick auf die Hintergründe des Lernens zeigt also bereits, welche zwei Kräfte unsere Handlungen leiten: innere und äußere. Eine Handlung ist umso selbstbestimmter, je mehr wir sie um ihrer selbst willen, also intrinsisch motiviert, ausführen. Wir empfinden sie als umso „kontrollierter", je mehr uns äußere Faktoren zu ihrer Durchführung veranlassen (Deci und Ryan, 1993). Selbstbestimmung und intrinsische Motivation lassen sich auf drei grundlegende Bedürfnisse des Menschen zurückführen: Dem Bedürfnis nach Autonomie, nach Kompetenz und nach sozialer Bezogenheit. Das bedeutet konkret, dass der Lernende nur dann eine nachhaltige, intrinsische Lernmotivation aufbaut, wenn er Freiheitsgrade während des Lernprozesses (Autonomie) wahrnimmt, Feedback im Hinblick auf seinen Lernerfolg bekommt, Gelegenheit hat, die eigenen Kompetenz wahrzunehmen, seinen Lernfortschritt zu verfolgen und von Bezugspersonen Akzeptanz erfährt. Gerade die neutralen Rückmeldungen beim Arbeiten mit einem elektronischen Lernangebot können die Motivation steigern.

---

7   Handlungen werden als intrinsisch motiviert bezeichnet, wenn sie nicht zweckgebunden sind.

Die Selbstlernkompetenz hängt ferner von dem Selbstvertrauen und den Lernzielen ab (Bandura, 1986, 1997). Menschen mit geringen Selbstwirksamkeitserwartungen, d. h. Menschen, die sich wenig zutrauen, geben bei auftretenden Schwierigkeiten und Misserfolgen schneller auf.

Das Vorwissen spielt bei jeder Art von Lernen eine bedeutende Rolle. Beim E-Learning hat sich beispielsweise gezeigt, dass sich die Gefahr des „Lost in Hyperspace" verringert, wenn Lernende über ein höheres Vorwissen verfügen. Je mehr Wissen über einen Gegenstand existiert, desto komplexer sind die mentalen Modelle darüber; der Lernende kann auf diese mentalen Modelle als Orientierungshilfe zurückgreifen.

Der Erfolg von E-Learning hängt zwar maßgeblich vom Lernenden selbst ab, aber auch andere Faktoren spielen eine Rolle. Einige Autoren haben eine Systematik möglicher Einflussfaktoren entwickelt. Tergan (2004) etwa unterscheidet vier Faktorengruppen, die den Erfolg von E-Learning bestimmen[8]. Die individuellen Faktoren bilden in der Aufzählung nach Tergan offensichtlich die größte Gruppe.

• Individuelle Faktoren umfassen alle allgemeinen persönlichen Rahmenbedingungen, die den Hintergrund bilden, vor dem Lernen stattfindet und die das Lernen beeinflussen können. Dazu zählen z. B. Bildungsabschluss und -erfahrung des Lernenden, seine Vorerfahrung mit vergleichbaren Inhalten oder Medien, sein Zeitbudget und seine finanziellen Ressourcen, etwa für Online-Kosten. Außerdem der soziale Kontext (z. B. Unterstützung durch Familie, Mitlernende), der Lernort, seine Zugangsmöglichkeiten zu Technologien (beispielsweise Art des Internetzugangs). Ferner zählen dazu Persönlichkeitsmerkmale (Lerntyp – viel Betreuung, wenig Betreuung nötig), kognitive Merkmale (Lernstrategien, Medienkompetenz, Vorwissen), Merkmale individueller Emotion (Akzeptanz der Lernangebote, intrinsische – extrinsische Motivation) und individuelle Interessen (allgemeines Interesse an Weiterbildung etc.) sowie soziale Merkmale (Kommunikationsfähigkeit, Bekanntheitsgrad der Mitglieder einer Lerngruppe etc.).

• Anwendungsbezogene Faktoren beziehen sich auf die praktische Wissensanwendung. Diese ist zum einen gekennzeichnet durch Ort und Situation der Wissensanwendung (z. B. Arbeitsplatz). Dazu zählen unter anderem Realitätsnähe, sachliche Korrektheit, Art der Inhalte eines Lernangebots.

• Unter pädagogischen Faktoren bündelt Tergan die didaktischen Prinzipien, die der Gestaltung des Lernangebots zugrunde liegen sowie die eingesetzten Methoden und Medien.

---

8 Eine Einteilung von Ehlers (2004) in Anlehnung an Fricke (1995) erfasst ähnliche Faktoren.

- Unter technologischen Faktoren fasst Tergan die technischen Rahmenbedingungen, wozu er etwa die Ausstattung der Lernplätze mit Hard- und Software oder die Möglichkeit zur Interaktion zählt.

Auch den Rahmenbedingungen wird neuerdings eine wichtige Bedeutung beigemessen: Ob Lernende erfolgreich lernen, hängt nach Tergan auch vom Lernumfeld ab (wenn alle sich weiterbilden, besteht ein lernförderliches Umfeld) ebenso wie von den kommenden Anwendungssituationen (z. B. Prüfung).

Diskussion

Zusammenfassend lässt sich sagen, dass der Erfolg von E-Learning ungeachtet zahlreicher didaktischer und technischer Weiterentwicklungen von einem ganzen Gefüge von Bedingungen abhängt. Es ist die Aufgabe der Entwickler von E-Learning-Angeboten, für lernunterstützende Bedingungen zu sorgen; der Lernende hat die Aufgabe, diese Unterstützungen anzunehmen, ohne Eigenaktivität des Lerners gehen sie ins Leere. Lernaktivitäten können durch ein Lernangebot lediglich erfolgreich angestoßen, aufrechterhalten und unterstützt werden.

Nicht alle Einflussfaktoren wurden bisher ausreichend untersucht. Gerade in Bezug auf die Anforderungen an die Lehr- und Betreuungsperson, in der Regel als TutorIn bezeichnet, herrscht Unklarheit. Es mehrt sich zwar die Erkenntnis, dass diesem die wichtige Rolle des Beraters, Betreuers und Motivators zukommt, aber wie genau soll diese Rolle ausgefüllt werden? Welche Fertigkeiten sind nötig? Welche Betreuung wünscht sich welcher Lernende?

Auch fehlen Erkenntnisse darüber, welche psychosozialen Auswirkungen E-Learning hat, ob sich gerade das computergestützte Lernen für bestimmte Zielgruppen eignet und worin die Vorteile einer computerbasierten Wissensvermittlung im Hinblick auf Motivation und Selbststeuerung liegen. Fragen wie diese versuchen die folgenden Beiträge vor dem Hintergrund des Einsatzes von E-Learning im Strafvollzug zu beantworten und Praktikern so Empfehlungen an die Hand zu geben.

Literatur

ASTD/Masie Center (2001). If we built it, will they come? URL: www.masie.com/masie/researchreports/ASTD_Exec_Summ.pdf (04.05.2005).

Bandura, A. (1986). Social foundations of thought and action: A social cognitive theory. Cliffs, NJ: Prentice-Hall.

Bandura, A. (1997). Self-efficacy: The exercise of control. New York: Freeman.

Deci, E. L.; Ryan, R. M. (1993). Die Selbstbestimmungstheorie der Motivation und ihre Bedeutung für die Pädagogik. Zeitschrift für Pädagogik, 39, 223-238.

Dittler, U. (2002). E-Learning. Erfolgsfaktoren und Einsatzkonzepte mit interaktiven Medien. München: Oldenbourg.

Ehlers, U.D. (2004). Erfolgsfaktoren für E-Learning: Die Sicht der Lernenden und mediendidaktische Konsequenzen. In: Tergan, S.-O.; Schenkel, P. (Hrsg.). Was macht E-learning erfolgreich? Grundlagen und Instrumente der Qualitätsbeurteilung. Berlin: Springer.

Fricke, R. (1995). Evaluation von Multimedia. In: Issing, L.J.; Klimsa, P. (Hrsg.): Information und Lernen mit Multimedia. Weinheim: Beltz 1995.

Heckhausen, H. (1987). Jenseits des Rubikon: der Wille in den Humanwissenschaften. Berlin: Springer.

Littig, P. (2002). Klug durch E-Learning? Eine Marktstudie der DEKRA-Akademie. Bielefeld: W. Bertelsmann-Verlag.

Locke, E. A.; Latham, G. P. (1990). A theory of goal setting and task performance. Englewood Cliffs, NJ: Prentice-Hall.

Mandl, H.; Gruber, H.; Renkl, A. (2002). Situiertes Lernen in multimedialen Lernumgebungen. In: Issing, L. J.; Klimsa, L.P. (Hrsg.): Information und Lernen mit Multimedia und Internet. Weinheim: Beltz (3. vollständig überarbeitete Auflage).

Minass, E. (2002). Dimensionen des E-Learning. Neue Blickwinkel und Hintergründe für das Lernen mit dem Computer. Kilchberg: Smart Books.

Reinmann-Rothmeier, G. (2002): Mediendidaktik und Wissensmanagement. Medienpaed.com – Onlinezeitschrift für Theorie und Praxis der Medienbildung. Ausgabe 02/2002.

Simons, P. R. J. (1992). Lernen, selbständig zu lernen – ein Rahmenmodell. In: Mandl, H.; Friedrich, H. F. (Hrsg.). Lern- und Denkstrategien. Analyse und Intervention. Göttingen: Hogrefe.

Skinner, B. F. (1974). Die Funktion der Verstärkung in der Verhaltenswissenschaft. München: Kindler.

Tergan, S.-O. (2004). Was macht Lernen erfolgreich? Die Sicht der Wissenschaft. In: Tergan, S.-O.; Schenkel, P. (Hrsg.). Was macht E-Learning erfolgreich? Grundlagen und Instrumente der Qualitätsbeurteilung. Berlin: Springer.

Weidenmann, B. (2002). Multicodierung und Multimodalität im Lernprozess. In: Issing, L. J.; Klimsa, P. (Hrsg.). Information und Lernen mit Multimedia und Internet. Lehrbuch für Studium und Praxis. Weinheim: Beltz (3. vollständig überarbeitete Auflage).

2 Der Computer kann Motivation und Leistung steigern

Karoline Schnetter

Zusammenfassung

*Im Rahmen des EQUAL-Projekts „e-Learning im Strafvollzug" (e-LiS) hatten Strafge-
fangene in 18 verschiedenen Haftanstalten die Möglichkeit an innovativen Bildungsmaßnahmen teilzunehmen. Wie sieht es mit der Akzeptanz dieser Kurse aus und was bewirkt die
Teilnahme an diesen Kursen? Diese Fragen standen im Mittelpunkt der teilprojektübergreifenden Evaluation. TeilnehmerInnen, DozentInnen und LehrerInnen wurden dafür mündlich und schriftlich befragt. Über 300 der befragten TeilnehmerInnen sind im Rückblick
überwiegend zufrieden mit dem von ihnen besuchten Kurs. Sowohl nach Ansicht der TeilnehmerInnen als auch der DozentInnen sind EDV-Grundlagen-Kurse und Unterricht mit
Unterstützung des Computers sinnvolle Innovationen im Bildungsbereich des Strafvollzugs.
Die Ergebnisse zeigen ferner, dass der Unterricht durch den Einsatz von Computern effektiver wird: Die Leistungen der jugendlichen Strafgefangenen sind umso besser, je häufiger sie
mit dem Computer lernen – unabhängig davon, ob sie den Umgang mit Microsoft Office lernen oder sich mit Lernsoftware weiterbilden.*

Die Fragestellungen der Evaluation

Im Rahmen des EQUAL-Projekts „e-Learning im Strafvollzug" (e-LiS) hatten Strafgefangene in 18 verschiedenen Haftanstalten die Möglichkeit an innovativen Bildungsmaßnahmen teilzunehmen. Wie sieht es mit der Akzeptanz dieser Kurse aus und was
bewirkt die Teilnahme an diesen Kursen? Diese Fragen standen im Mittelpunkt einer
teilprojektübergreifenden Evaluation. TeilnehmerInnen, DozentInnen und LehrerInnen wurden dafür mündlich und schriftlich befragt[9]. Die schriftlichen Befragungen der
KursteilnehmerInnen fanden jeweils am Ende der Kurse statt; die mündlichen Befragungen wurden zu mehreren Zeitpunkten im Projektverlauf erhoben.

---

9 Näheres zu den Ergebnissen findet sich in den e-LiS-Evaluationsberichten I und II (Hendricks und
   Schnetter., 2003, 2004)

Wer wurde befragt?

Die Untersuchungsstichproben

Während der gesamten Laufzeit des Projektes wurden insgesamt 33 Interviews mit LehrerInnen bzw. DozentInnen durchgeführt sowie 359 Fragebögen von Teilnehmer-Innen ausgewertet.

Die TeilnehmerInnen setzen sich zusammen aus 231 Gefangenen aus dem Erwachse-nenstrafvollzug und 128 Gefangenen aus dem Jugendstrafvollzug. Aus dem Frauen-strafvollzug haben 88 Teilnehmerinnen einen Fragebogen ausgefüllt; dort ist der Jugend- und Erwachsenenstrafvollzug nicht getrennt.

Im Jugendstrafvollzug sind 11 verschiedene Bildungsmaßnahmen an der Befragung beteiligt, im Männerstrafvollzug 5 und im Frauenstrafvollzug 4 Maßnahmen (teilweise mit mehreren „Durchgängen"). Insgesamt wurden 20 verschiedene Kurse berücksich-tigt.

14 der befragten LehrerInnen stammen aus dem Jugendstrafvollzug, 10 DozentInnen aus dem Männerstrafvollzug und 9 DozentInnen aus dem Frauenstrafvollzug.

Von den insgesamt 33 befragten Lehrkräften sind 14 (42%) Frauen und 19 (57%) Männer. Etwa die Hälfte (52%) sind interne Lehrkräfte der Haftanstalten, 48% sind externe DozentInnen von Maßnahmeträgern oder LehrerInnen von Oberstufenzent-ren bzw. berufsbildenden Schulen.

Alter

Die befragten TeilnehmerInnen der Kurse aus dem Erwachsenen- und Jugendstraf-vollzug sind im Durchschnitt 31 bzw. 20 Jahre alt. Vor allem innerhalb der Kurse im Erwachsenenstrafvollzug bestehen große Altersunterschiede. Ca. 10% der Teilneh-mer-Innen sind älter als 45 Jahre.

Schulabschluss

Die befragten Strafgefangenen im Jugendstrafvollzug haben zu 70% keinen Schulab-schluss erreicht. Befragte erwachsene Strafgefangene haben zu 17% keinen Schulab-schluss.

Von den TeilnehmerInnen mit Schulabschluss haben 56% einen Hauptschul-, 32% einen Realschulabschluss und 9% das Abitur oder eine Fachhochschulreife.

Computervorkenntnisse

73% der Befragten, und damit die deutliche Mehrheit, haben geringe oder keine Computervorkenntnisse. Die Lerngruppen sind aber sehr heterogen zusammengesetzt: Es gibt auch TeilnehmerInnen mit guten Vorkenntnissen. Zwischen den weiblichen und männlichen Strafgefangenen bestehen durchaus beachtliche Unterschiede, wobei Frauen die besseren Vorkenntnisse besitzen[10].

Grafik 1: Computervorkenntnisse

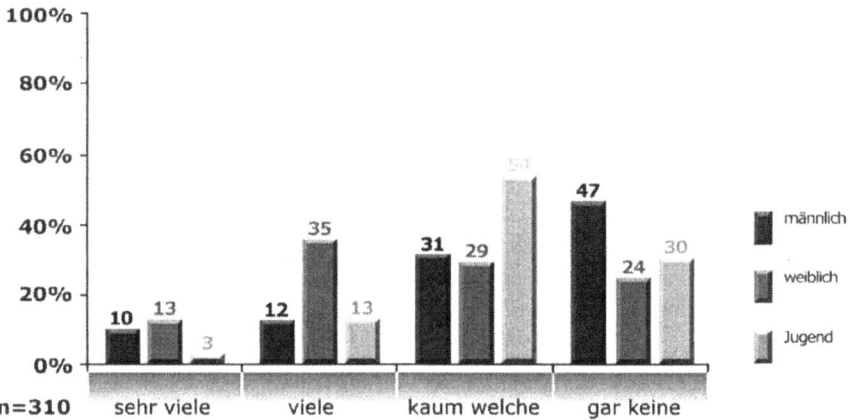

Die Vorerfahrungen der Teilnehmer aus dem Jugendstrafvollzug erstrecken sich nach Aussagen der dort tätigen LehrerInnen überwiegend auf den Bereich von Computerspielen. Das bedeutet, dass die Jugendlichen zwar über wenige Grundlagenkenntnisse aus dem Hard- und Softwarebereich verfügen, aber trotzdem Computereinstellungen manipulieren können – mitunter zum Leidwesen der Lehrerschaft.

Stellenwert des Computers im e-LiS-Bildungsangebot

In den e-LiS-Kursen spielt der Computer eine unterschiedliche Rolle: In manchen steht der Umgang mit ihm im Vordergrund, in anderen dient er vorrangig als Hilfsmittel zum Lernen. So lernen die TeilnehmerInnen in einigen Kursen[11] etwa, wie ein

---

10 Über Unterschiede zwischen männlichen und weiblichen TeilnehmerInnen wird stets dann berichtet, wenn Unterschiede vorhanden sind.
11 Diese Kurse werden im Folgenden als „EDV-Kurse" bezeichnet.

Computer funktioniert, wie sie Anwendungssoftware bedienen (z. B. Programme für Textverarbeitung oder Tabellenkalkulation), in einigen Haftanstalten erwerben sie den Europäischen Computerführerschein (ECDL). In anderen Kursen eignen sich die TeilnehmerInnen mit Hilfe des Computers Kenntnisse in allgemein- oder berufsbildenden Fächern mit Hilfe von Lernprogrammen an. Letztere Möglichkeit bestand vor allem im Jugendstrafvollzug, erstere in der Regel im Erwachsenenstrafvollzug.

Der Computer als wichtiger Anreizfaktor

Im Erwachsenenstrafvollzug ist das Interesse an einer Bildungsmaßnahme zu EDV-Grundlagen von TeilnehmerInnenseite sehr hoch. 79% antworteten „Teilnahme aus Interesse – völlig zutreffend". Im Jugendstrafvollzug, in dessen Rahmen die Bildungsmaßnahmen Pflicht sind, fällt die Einschätzung niedriger aus: 53% nahmen nach eigenen Angaben aus Interesse an der Bildungsmaßnahme teil.

Ein zweites wichtiges Teilnahmemotiv ist, die eigene berufliche Perspektive zu verbessern und sich so auf die Zeit nach der Haft vorzubereiten. Immerhin 53% der TeilnehmerInnen aus dem Erwachsenenstrafvollzug geben dies an und 37% der Jugendstrafgefangenen, hier also eine eher geringe Anzahl. Im Jugendstrafvollzug stehen (Berufs-) Schulkurse oder berufsvorbereitende Maßnahmen im Vordergrund; Kurse, in denen ausschließlich EDV-Grundlagenwissen vermittelt wird, haben einen geringeren Stellenwert.

Die befragten LehrerInnen und DozentInnen stimmen vielfach in der Beobachtung überein, dass das Lernen mit dem Computer auf die TeilnehmerInnen sehr anziehend wirkt. Werden in den Bildungsmaßnahmen des Jugendstrafvollzugs Computer in den Fachunterricht integriert, stellen die Lehrkräfte fest, dass *„der Unterricht am PC höher geschätzt wird"*[12]. Vermutlich liegt das daran, dass Computer in den Augen der Jugendlichen einen Wert besitzen, der sich auf sie quasi überträgt: Wenn PCs für den Unterricht im Strafvollzug zur Verfügung stehen, fühlen sie sich „etwas wert". Dies steigert ihr (häufig) gering ausgeprägtes Selbstbewusstsein und wirkt sich positiv auf die Lernhaltung aus *(„Die Schüler sind engagiert, wenn es was Modernes ist, mit dem sie arbeiten")*. LehrerInnen nutzen diese neue Aufgeschlossenheit gegenüber dem Lernen und versuchen den Anreiz und die Faszination, der vom Computer ausgeht, in Lernmotivation umzuleiten.

---

12 Zitate sind durch Kursivschrift kenntlich gemacht. Grammatikalische Ungereimtheiten und Dialekte wurden zugunsten der Lesbarkeit vorsichtig korrigiert.

Computerkenntnisse sind nützlich

Die TeilnehmerInnen bewerten die von ihnen besuchten Kurse ganz überwiegend sehr positiv. Ihnen hat das Thema, der/die DozentIn und auch das Klima in den jeweiligen Kursen überwiegend gefallen und sehr gefallen. Die Grafik zeigt die Antworten auf die drei Fragen; zur übersichtlicheren Darstellung werden nur die positiven Antworten (überwiegend gefallen und sehr gefallen) berichtet, die zudem zu einer Kategorie zusammenfasst wurden. Die Unterschiede zwischen erwachsenen Frauen, erwachsenen Männern und Jugendlichen sind marginal.

Grafik 2: Zufriedenheit mit den Kursen

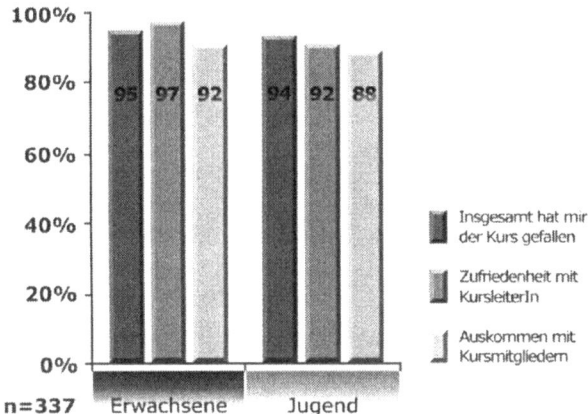

Wie bewerten die TeilnehmerInnen die Inhalte im Hinblick auf die Zeit nach der Haft? Die meisten sind von der Nützlichkeit des Gelernten überzeugt.

Grafik 3: Nützlichkeit des Gelernten

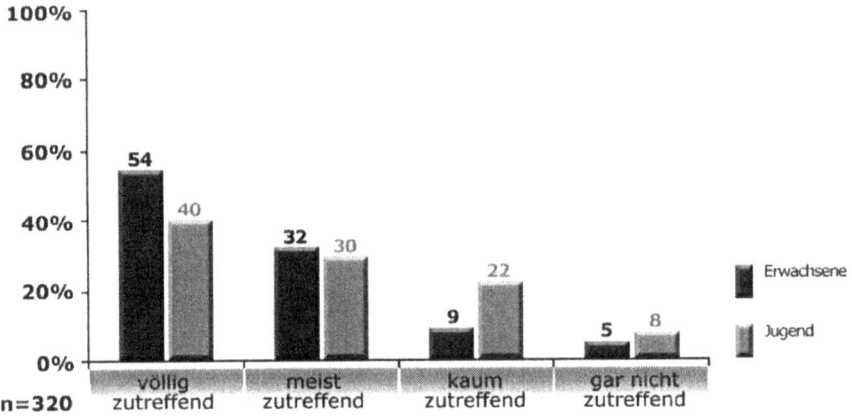

Insgesamt 86% der TeilnehmerInnen aus dem Erwachsenenstrafvollzug äußern sich positiv (54% sagen „völlig zutreffend", 32% „meist zutreffend"). Im Jugendstrafvollzug sind 40% ganz und weitere 30% teilweise überzeugt von der Nützlichkeit (zusammengenommen äußern sich 70% positiv); mehr als ein Viertel schätzt das Gelernte allerdings als nicht relevant ein. Dabei ist zu berücksichtigen, dass die Jugendlichen nicht ihr erworbenes Computerwissen, sondern ihr Fachwissen beurteilen, während die Erwachsenen über ihre EDV-Kenntnisse sprechen.

Lernen am Computer motiviert

Aus den freien Antworten im TeilnehmerInnen-Fragebogen können wir die Ergebnisse des obigen Abschnittes bestätigen: Der Computer und dessen Anwendungsmöglichkeiten für den/die NutzerIn werden sehr hoch geschätzt. Dies zeigen die zahlreiche Nennungen auf die Frage „Was hat Ihnen am besten gefallen?": *„Der Umgang mit dem PC generell", „Aufbau Computer, Arbeit mit Software (Programme)", „Dass man vor dem PC sitzt und etwas lernen kann und es macht Spaß mit dem Computer zu arbeiten."*

Daneben gibt es die folgenden typischen Äußerungen darüber, was am besten gefallen hat: *„Der ständige Umgang mit dem Computer und dass viel alleine gearbeitet wurde", „Jeder hatte die Möglichkeit, seine Lerneinheiten individuell zu gestalten [...] Die Möglichkeit, jede Frage zu stellen und die Tatsache, dass jede der gestellten Fragen umfassend beantwortet wurde", „Der Kon-*

takt mit den Dozentinnen hat mir sehr gefallen, sie standen bei jedem Problem dabei und haben sehr geholfen". Hervorgehoben wurden die geduldige Art und die ausführlichen und verständlichen Erklärungen der DozentInnen.

In einer geschlossenen Frage[13] wollten wir im Feedback-Fragebogen von den TeilnehmerInnen wissen, ob das Lernen am Computer Spaß gemacht habe. Mit dieser Frage konnten wir erfassen, wie positiv das Lernen erlebt wurde.

78% (Erwachsene) bzw. 54% (Jugendliche) haben geantwortet, dass ihnen das Lernen am PC Spaß gemacht habe (und weitere 18 bzw. 31% überwiegend Spaß) – also gab es kaum jemanden, dem es nicht gefiel.

Grafik 4: Spaß beim Lernen am Computer

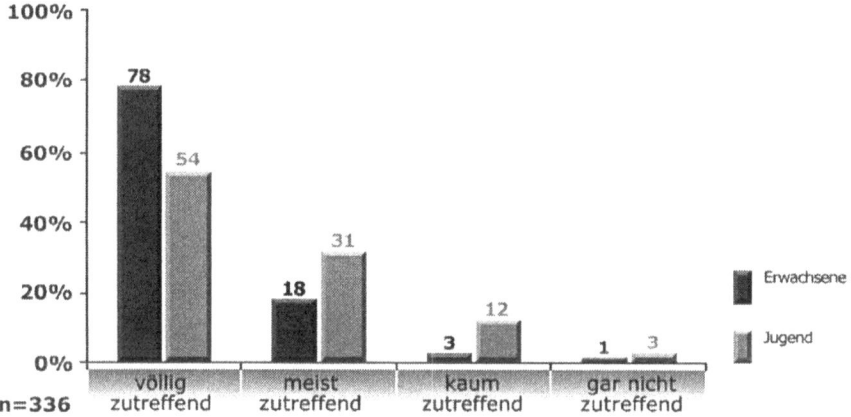

Die LehrerInnen und DozentInnen wurden gefragt, wie aus Ihrer Sicht die Gefangenen auf den Computer reagieren. Wir wollten wissen, welche Eindrücke im Vordergrund stehen. Auch aus Sicht der DozentInnen und LehrerInnen wurde der erlebte Spaß beim Lernen am Computer beschrieben. Die Befragungsergebnisse der TeilnehmerInnen und der DozentInnen decken sich.

Im Jugendstrafvollzug verstehen die LehrerInnen es als ihre Aufgabe, die vom PC freigesetzte positive Energie (der Spaß) in *„die richtige Richtung"* zu lenken – nämlich in eine Beschäftigung mit einem Lerninhalt. Die DozentInnen im Erwachsenenstrafvollzug treffen auf TeilnehmerInnen, die eine stärkere Eigenmotivation zum Lernen mitbringen. Hier erzählen manche, wie überrascht sie über den Eifer der Gefangenen

---

13 Die Antworten waren auf einer 4-stufigen Skala zu geben.

35

waren; dabei wird betont, dass Spaß haben und *„viel lernen und richtig arbeiten"* miteinander einhergeht.

Fast alle befragten LehrerInnen im Jugendstrafvollzug schildern, wie die Nutzung des Computers den Unterricht verändern kann: durch den Computer erhöht sich die Lernmotivation.

Wenn der Computer in den Fachunterricht integriert wird, kann diese Neuerung die gegenseitige Ablenkung der Schüler untereinander verringern. So intensiviert sich automatisch die Beschäftigung mit dem Lerngegenstand.

Weil der Computer von den LehrerInnen nicht täglich als Lernmedium eingesetzt wird, sondern weiterhin die „alten Medien" Tafel, Buch, Übungsblätter etc. genutzt werden, wird der Unterricht abwechslungsreicher. Die LehrerInnen berichten, wie diese Abwechslung dazu führt, dass bei den Schülern eine Bereitschaft entsteht, sich erneut mit dem Lernstoff auseinanderzusetzen – die Schüler üben wiederholt oder vertiefen ihr Wissen.

Eine Verbesserung des Unterrichts durch die Nutzung des Computers kann auch deshalb geschehen, weil LehrerInnen es nun leichter finden, den Unterricht binnendifferenziert zu gestalten; d. h. dass sie den Schülern auf sie zugeschnittene Aufgaben geben. Somit wird eine Unter- oder Überforderung der Schüler vermieden und die Lerneffektivität erhöht.

Lernsoftware enthält Übungen und – als Vorteil gegenüber dem Üben auf einem Blatt Papier – prompte und neutrale Rückmeldungen, ob die Aufgabe richtig gelöst wurde oder nicht. Im Idealfall werden die Lösung und gegebenenfalls der richtige Lösungsweg von der Software erläutert. Fehler der Lernenden werden so nicht vor der ganzen Klasse besprochen, weil die Möglichkeit der Selbstkontrolle gegeben ist – dies wird als angenehmer erlebt; Ängste werden reduziert, die Motivation weniger beeinträchtigt. Weiterhin geschieht die Fehlerkorrektur zeitnaher als im konventionellen Unterricht; dies ist für das menschliche Gedächtnis optimal, weil die Informationen gleich verarbeitet werden können. Im Endeffekt ist das Üben effektiver.

Die Nutzung von Lernsoftware ermöglicht auch, dass jeder Schüler in seinem eigenen Lerntempo fortschreitet und dann Wiederholungen, Lernschleifen oder Übungen einlegt, wenn er das Bedürfnis dazu hat. Auch hier wird wieder eine Unter- oder Überforderung vermieden und das Lernen kann effektiver erfolgen.

Der Computer wird auch als Werkzeug eingesetzt. Mit Anwendungsprogrammen wird im Unterricht gearbeitet um z. B. mit einem Textverarbeitungsprogramm Briefe, Lebensläufe oder Gedichte zu schreiben und zu gestalten. Diese „Produkte", die die Lernenden am Ende in der Hand halten, sind den handgeschriebenen weit überlegen:

z. B. sieht ein ausgedruckter Lebenslauf professioneller und sauberer aus. Für die Lernenden bedeuten solche selbst produzierten Materialien Erfolge. Die Erfolgserlebnisse wiederum stärken die Lernmotivation und erhalten sie aufrecht.

Im Erwachsenenstrafvollzug wird trotz Curriculum häufig eine individuelle Wahl der Lernthemen und -wege ermöglicht. Die DozentInnen berichten ebenfalls von einem binnendifferenzierten Vorgehen. Die TeilnehmerInnen schätzen dabei besonders, dass man als Person mit seinen Wissenslücken, „dummen Fragen" und falschen Antworten weder vor der Gruppe noch vor den Lehrenden bloßgestellt wird. Der Computer bietet einen „geschützten Raum", der nach eigenem Wunsch auch verlassen werden kann. Das Lernen erfolgt auch hier motivierter.

Der Computereinsatz eignet sich für die Bildungseinrichtungen im Strafvollzug

Das Lern- und Leistungsverhalten der Gefangenen wird von den LehrerInnen und DozentInnen häufig defizitär beschrieben. War Lernen durch frühere Erfahrungen aus der Schule häufig negativ geprägt, bietet der Computer einen neuen Zugang. Wie oben geschildert, sind jugendliche Strafgefangene beim Lernen motivierter bei der Sache. Den erwachsenen TeilnehmerInnen macht das Lernen häufig „viel Spaß". Zudem ist das erlernte Wissen über die Bedienung eines Computers und diverser Anwendungsprogramme praktisch *(„Am besten gefallen hat mir, dass Erläuterungen immer am praktischen Beispiel gegeben werden.")* und nützlich als Vorbereitung für die Haftentlassung.

Einige Inhaftierte nehmen zunächst an einer Bildungsmaßnahme teil, weil sie sich dadurch Abwechslung im monotonen Haftalltag versprechen. Ein Teilnehmer erläuterte seine Teilnahmemotivation so: *„... weil ich meine Zeit sinnvoll verwenden wollte."* Eine Teilnehmerin gab zu: *„...weil ich Arbeit und Geld hatte und weil ich aus der Zelle raus kann."* Motive solcher Art machen im Erwachsenenstrafvollzug ca. 8% der Nennungen aus; es ist zu vermuten, dass die anderen Teilnehmer sowohl aus Interesse als auch aus solchen Gründen an den Kursen teilnahmen.

Die Umstände, eine Weiterbildung während der Strafhaft zu besuchen, sind relativ günstig: während Teilnehmer „draußen" selbst aktiv werden müssen und für die Bildungsmaßnahmen (meist) selbst bezahlen müssen, werden Strafgefangene auf die Bildungsangebote hingewiesen. Um Bildung attraktiver zu machen, werden die Kurse (in der Regel) ähnlich wie die Arbeitstätigkeit bezahlt.

Das Gefängnis ist für viele Inhaftierte ein Ort, an dem sie sich zum ersten Mal in ihrem Leben in Ruhe mit sich selbst und ihrer (Aus)Bildung auseinandersetzen. Eine

Dozentin drückt es so aus: *„In ihrem tristen Alltag können sie den PC endlich mal inhaltlich erfassen und nutzen lernen. "*

Die Nutzung von Computern in Bildungsmaßnahmen des Strafvollzugs ist aus einem weiteren Grund positiv einzuschätzen: Einige Anwendungsprogramme besitzen einen „Aufforderungscharakter", kreativ und gestalterisch tätig zu werden. Viele LehrerInnen und DozentInnen berichten, dass die kreativen Fähigkeiten der Gefangenen häufig nicht durch negative schulische Vorerfahrungen geprägt seien; die TeilnehmerInnen verfügten über Begabungen, die die DozentInnen erstaunten. Ohne Zweifel können die Gefangenen so Erfolge erleben und positive Erfahrungen mit dem Computer verknüpfen. Ganz nebenbei wird so die Bedienung von Grafikprogrammen u. ä. erlernt. Die gewonnenen Kenntnisse, wie das Programm bedient wird, können auf andere Anwendungsprogramme übertragen werden.

Nachhaltige Lernbereitschaft – Empowerment

Wir versuchten außerdem herauszufinden, ob die Kurse nachhaltig auf die TeilnehmerInnen wirkten und somit langfristig die Beschäftigungsfähigkeit erhöhen könnten. Da dieser Punkt schwierig abzufragen ist, entschieden wir uns für ein Indiz: Verspüren die TeilnehmerInnen am Ende des Kurses den Wunsch weiter zu lernen? Ist eine (nachhaltige) Weiterbildungs- oder Lernbereitschaft entstanden?

Grafik 5: Entstehung einer weiteren Lernbereitschaft

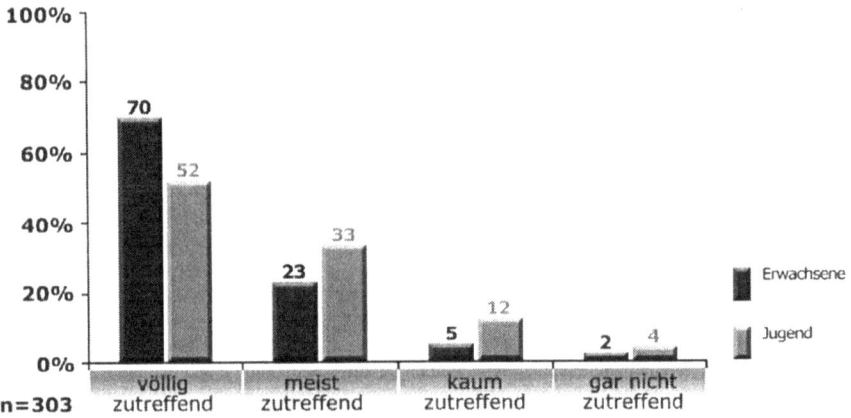

70% der TeilnehmerInnen aus dem Erwachsenenstrafvollzug haben „Lust auf mehr Lernen" bekommen. Bei den männlichen Jugendlichen sind es immerhin 52%, allerdings stehen 16% der letzten Gruppe dieser Aussage ablehnend gegenüber. Unterscheidet man im Jugendstrafvollzug zwischen den EDV-Kursen und dem Fachunterricht mit PC-Integration, schneiden die EDV-Kurse besser ab.

Allerdings vermuten wir, dass dieser Effekt auch durch die (relativ) kurze Zeitdauer der Kurse (4 Wochen bis 3 Monate) zustande kommt – diese Zeit war aus Sicht der TeilnehmerInnen nicht ausreichend, die Möglichkeiten am PC kennen und beherrschen zu lernen. Dies gilt für Kurse sowohl im Erwachsenen- wie auch im Jugendstrafvollzug. Ein häufiger Wunsch der TeilnehmerInnen ist dementsprechend: *„längere Kurszeiten"*, *„die Zeit verlängern"*, *„den Kurs länger machen"*. Diese Antworten geben 27% der Erwachsenen auf die Frage „Was könnte man in weiteren Kursen besser machen?"

Computer-Einsatz als Erfolgsfaktor

Viel Positives wurde bisher über den Computer bzw. über die Computerkurse im Projekt e-LiS gesagt. Diese Aussagen wollten wir nun einer strengeren statistischen Analyse unterziehen: Kann man den Computer als Erfolgsfaktor für unsere Zielgruppe – Strafgefangene – bezeichnen?

Um diese Frage zu untersuchen, standen uns Daten aus denjenigen Kursen zur Verfügung, in denen die Häufigkeit des Computereinsatzes variierte: Kurse also, in denen der PC im Fachunterricht eingesetzt wurde. Insgesamt 86 Teilnehmer aus 7 verschiedenen Kursen im Jugendstrafvollzug bilden die Untersuchungsstichprobe; die Kurse dauerten unterschiedlich lang (3 oder 6 Monate) und hatten unterschiedliche Inhalte (zum Teil schulische Unterrichtsinhalte, zum Teil Theorie-Inhalte aus der Berufsvorbereitung). Da nur Kurse aus dem Jugendstrafvollzug näher untersucht werden, gibt es nur männliche Teilnehmer. Das durchschnittliche Alter beträgt 20 Jahre.

Um die Fragestellung optimal zu untersuchen, hätten Kontrollgruppen zur Verfügung stehen und Kurse ausgewählt werden müssen, die möglichst vergleichbar sind. Mit unserer Untersuchungsstichprobe können wichtige Faktoren wie Lerninhalte und Rahmenbedingungen (z. B. Dauer der Kurse) keine Berücksichtigung finden – unsere Ergebnisse sind deshalb nur als Diskussionsanregung zu verstehen.

Wir stellten den Kursteilnehmern folgende Fragen: Wie häufig haben Sie im Lauf des Kurses mit Anwendungsprogrammen gearbeitet? Wie häufig wurde im Kurs eine Lernsoftware eingesetzt? Diese Angaben machten die Teilnehmer selbst. So erhielten wir mehrere Variablen, die die Häufigkeit des Computereinsatzes abbilden – differenziert danach, ob der Computer als Werkzeug (Arbeiten mit Anwendungsprogrammen) oder als Medium (Einsatz von Lernsoftware) genutzt wurde. Zusätzlich haben wir ein Globalmaß für die Häufigkeit aus verschiedenen Angaben zur Art und Häufigkeit des Computereinsatzes errechnet.

Als zweite Variable interessierte uns die Leistung der Teilnehmer – hier standen uns die Angaben der LehrerInnen (Fremdbeurteilung) und die Selbsteinschätzungen der Teilnehmer zur Verfügung.

Die beiden Variablen – Häufigkeit des Computereinsatzes und Leistung des Teilnehmers – werden nun einer statistischen Analyse unterzogen. Mittels einer Korrelation wird festgestellt, ob ein Zusammenhang besteht: ob häufiger Einsatz in der Regel mit guten Teilnehmerleistungen einhergeht oder mit schlechten Leistungen. Unsere Annahme ist die erste Möglichkeit. Eine dritte Möglichkeit besteht darin, dass beide Variablen unabhängig voneinander sind: Es ist egal, wie häufig Computer in einem Kurs eingesetzt werden, mal sind die Leistungen der Schüler gut und mal nicht.

Die Korrelation kann jedoch nicht sagen, wieso ein Zusammenhang besteht, eventuell kommt das Ergebnis dadurch zustande, dass eine dritte Variable, die wir nicht berücksichtigt haben, die Ursache der guten Leistungen ist; z. B. könnten die Lehrenden immer nur die guten Lernenden mit dem Computer arbeiten lassen, als Belohnung oder weil sie früher als die anderen fertig sind (was in den von uns untersuchten Kursen nicht der Fall war).

Die folgende Tabelle zeigt die errechneten Zusammenhänge zwischen der Häufigkeit der verschiedenen Arten, den Computer im Unterricht zu nutzen, und der Leistung der Teilnehmer.

Wir testeten einseitig auf einem Signifikanzniveau von $p<.05$[14]. Zur Anwendung kam das Korrelationsverfahren[15] von Spearman.

---

14 Die Angabe $p<.05$ drückt aus, dass ein p-Wert (Wahrscheinlichkeit), der kleiner ist als .05 bedeutet, dass der zugehörige Wert der Korrelation (rho) einen statistisch bedeutsamen Wert erreicht hat. Ein p-Wert zwischen .05 und .10 wird von uns als tendenzielles Ergebnis gewertet.

15 Eine Korrelation nach Spearman (rho) kann Werte zwischen -1 und +1 annehmen. Je näher der Wert bei 0 ist, desto geringer ist der Zusammenhang.

Tabelle 1: Korrelationen zwischen der Häufigkeit des Computereinsatzes und der Leistung

	Leistung (Fremdeinschätzung)	Leistung (Selbsteinschätzung)
Einsatz von Lernsoftware-programmen	rho=.179 p<.075 +	rho=.280 p<.017 *
Einsatz von Anwendungs-programmen als Werkzeug	rho=.323 p<.002 *	rho=.052 p<.341
Einsatz des Computers (Globalmaß)	rho=.244 p<.016 *	rho=.192 p<.058 +

n=86

In der ersten Zeile der Tabelle wird beschrieben, inwieweit ein Zusammenhang zwischen der Häufigkeit des Einsatzes von Lernsoftwareprogrammen im Unterricht und der Leistung besteht. Die Korrelation mit der Leistungseinschätzung der LehrerInnen ist positiv, wird aber nur tendenziell signifikant. Es ist nicht mit Sicherheit zu sagen, dass mit häufiger Nutzung von Lernsoftware eine objektiv gemessene gute Leistung einhergeht; die Ergebnisse deuten jedoch darauf hin.

Die Teilnehmer erkennen jedoch die Vorteile deutlich: Je häufiger Lernsoftware im Fachunterricht eingesetzt wurde, desto häufiger haben die Teilnehmer Erfolgserlebnisse.

In der zweiten Zeile wird die Korrelation mit der objektiven Leistungseinschätzung signifikant: Wird z. B. Textverarbeitung im Unterricht eingesetzt (nicht um dessen Bedienung zu lernen, sondern als „Werkzeug"), registrieren die LehrerInnen bessere Leistungen. Die zweite Korrelation (zwischen der Häufigkeit der Nutzung von Anwendungsprogrammen und den Leistungseinschätzungen der Teilnehmer) wird nicht signifikant: Es gibt keinen Zusammenhang zwischen beiden Variablen, d.h. die TeilnehmerInnen können bei der Nutzung des Computers als Werkzeug sich selbst nicht als erfolgreicher erleben, dieses Erleben ist unabhängig davon.

Die letzte Zeile zeigt die Korrelationen zwischen dem von uns errechneten Globalmaß, wie häufig der Computer im Unterricht eingesetzt wurde (Zusammenfassung mehrerer Variablen) und den beiden Leistungsmaßen – die erste Korrelation wird signifikant, die zweite nur tendenziell signifikant. Unterscheidet man also nicht dazwischen, wie der Computer im Unterricht genutzt wurde, sondern beschränkt sich auf die allgemeine Aussage, wie häufig der Computer zum Einsatz kam, bestätigen die statistischen Analysen – einmal eindeutig, einmal nur als Tendenz – dass die Leistungen der Schüler besser sind, wenn sie häufig am Computer arbeiten oder lernen.

Insgesamt schlussfolgern wir aus unseren Daten für die Diskussion folgendes: Wird der Computer mehrfach und regelmäßig im Unterricht eingesetzt, wirkt sich dies auf die Lernleistungen der Teilnehmer positiv aus[16].

Fazit

Computer bieten sehr viele verschiedene „Anwendungsmöglichkeiten" im Strafvollzug: von reinen EDV-Grundlagenkursen über Kurse, die eine Mischung aus EDV und Allgemeinbildung anbieten bis hin zum Einsatz von Anwendungsprogrammen oder Lernsoftware im Fachunterricht. Im Projekt e-LiS wurden alle diese Einsatzmöglichkeiten in der Praxis erprobt. Die Feedback-Fragebögen der KursteilnehmerInnen belegen, dass die Kurse sehr gut bei der Zielgruppe ankommen – die Gefangenen äußern sich mehrheitlich sehr zufrieden.

Da die Zielgruppe häufig aus lernungewohnten Menschen besteht, die mit einigen Lernschwierigkeiten belastet sind, galt es herauszufinden, ob die Zielgruppe von EDV-Kursen und Computern in Bildungsmaßnahmen profitiert. Den Feedback-Fragebögen der TeilnehmerInnen wie auch den Interviews mit DozentInnen konnten wir entnehmen, dass Computer einen neuen, anderen Zugang zum Lernen bieten können. Gerade Menschen, die vorher eher negative Erfahrungen mit Lernen gemacht haben, können positive Lernerfahrungen machen und eine neue Lernbereitschaft kann entstehen. Auch die Lehrkräfte schätzen den Computer als „Motivationsinstrument" für den Unterricht.

Anhand einer Korrelationsstudie konnten wir schließlich auch zeigen, dass häufiger Einsatz von Computern im Unterricht mit besseren Leistungen einhergeht.

---

16 Näheres zu den statistischen Analysen und weitere Analysen finden sich im e-LiS-Evaluationsbericht III (Hendricks und Schnetter, 2004)

Literatur

Hendricks, W.; Schnetter, K. (2003). Evaluationsbericht I – Befragung der Leh-rerInnen und DozentInnen. Internes Arbeitspapier des IBI – Institut für Bildung in der Informationsgesellschaft

Hendricks, W.; Schnetter, K. (2004). Evaluationsbericht II – EDV-Kurse im Erwachsenen-Strafvollzug. Befragung der TeilnehmerInnen. Internes Arbeitspapier des IBI – Institut für Bildung in der Informationsgesellschaft

Hendricks, W.; Schnetter, K. (2004). Evaluationsbericht III – Der Computer in Bildungsmaßnahmen des Jugend-Strafvollzugs. Befragung der Teilnehmer. Internes Arbeitspapier des IBI – Institut für Bildung in der Informations-gesellschaft

3 Erfahrungen mit EDV-Kursen in der Justizvollzugsanstalt Bremen

Eduard Matt

Zusammenfassung

Im Rahmen des Projektverbundes CHANCE[17] wurden in der JVA Bremen unterschiedliche Maßnahmen zur schulischen und beruflichen Qualifizierung angeboten. Berichtet wird im Folgenden aus der Evaluation der EDV-Kurse. Ein Kurs fand in der Teilanstalt Bremerhaven statt, ein weiterer Kurs am Standort Bremen. Letzterer wurde im Rahmen der Entwicklungspartnerschaft e-LiS im Programm EQUAL gefördert.

Der Beitrag schildert zu Beginn die Situation im Strafvollzug. Strafgefangene verfügen häufig über schlechte Bildungsvoraussetzungen. Bildungsmaßnahmen müssen bestimmten Bedingungen und Anforderungen entsprechen, um erfolgreich durchgeführt werden zu können.

Die Evaluation untersuchte die Motivation und das Teilnahmeverhalten der Strafgefangenen sowie die Auswirkungen der EDV-Kurse auf die Haftsituation. Daneben wurden die Teilnehmer zur Bedeutung der Kurse für die Arbeitsmarktintegration befragt. Im Vordergrund, so zeigt es sich, steht in den Kursen neben den Fachkenntnissen die Herstellung von Selbstbewusstsein und sozialen Kompetenzen. Die Kurse leisten somit einen bedeutsamen Beitrag für die Entwicklung einer beruflichen Perspektive.

Ausgangslage

Geeignete Bildungsmaßnahmen für Strafgefangene zu finden erweist sich als schwierige Aufgabe. Die meisten verfügen über schlechte schulische und nur in seltenen Fällen über berufliche Qualifikationen. Das Lernverhalten wird durch eine „auf Lernen keinen Bock" Haltung geprägt, viele Inhaftierte sind nur schwer zu motivieren. Zudem sind Straffälligkeit und Strafvollzug einem Lernen nicht unbedingt

---

17 Das Projekt „CHANCE" hat eine Laufzeit vom 1.11.2000-31.03.2005 und wird gefördert vom Senator für Arbeit, Frauen, Gesundheit, Jugend und Soziales, der Europäischen Gemeinschaft (ESF) (Förderschwerpunkt 10: Qualifizierung im Strafvollzug), den Arbeitsämtern Bremen und Bremerhaven sowie dem Senator für Justiz. Projektträger ist JUDIT Bremen im Auftrag der JVA Bremen. Siehe auch: Matt 2003a; www.chance.uni-bremen.de.

förderlich: Oftmals haben Insassen, insbesondere Rückfalltäter, bereits jegliche berufliche Perspektive (oftmals gar die der Wiedereingliederung) selbst aufgegeben; Stimmungsschwankungen aufgrund der Haftsituation und der dortigen Umgangsformen beeinträchtigen die Lernbereitschaft ebenfalls. Die Chancen auf dem Arbeitsmarkt sind sehr schlecht.[18] Ist vor diesen Voraussetzungen gerade die Notwendigkeit von Bildungsmaßnahmen offensichtlich, so sind entsprechende Formen zu finden, die der Heterogenität der Klientel gerecht werden. Neue Angebote und neue Lernformen sind zu entwickeln. Für spezifische Klienten, wie Lernungewohnte, Lernverweigerer (Schulverweigerer, Personen mit negativer Schulerfahrung u. a.) ebenso wie Personen mit schlechter formaler schulischer oder beruflicher Qualifikation, bieten sich eher Formen informellen Lernens an.[19]

Die Zielkonzeption von Bildungsmaßnahmen sollte sich von daher nicht auf die reine Vermittlung fachberuflicher Fertigkeiten und Fähigkeiten begrenzen. Hier kommt die Unterscheidung von Qualifikation und Kompetenz zum Tragen.[20] Der Begriff der Kompetenz wird in der Fachdiskussion zwar weder klar, noch trennscharf, noch konsistent formuliert. Seine Verwendung enthält ebenso einen Modeaspekt, ein inflationärer Gebrauch ist zu beobachten. Er löst inzwischen den Begriff der Schlüsselqualifikationen und den der Arbeitstugenden ab. Trotzdem ist er von Bedeutung, denn er verweist über den Begriff der Qualifikation, verstanden als Erlernen von Fachwissen und -fertigkeiten, hinaus darauf, dass im Arbeitsprozess selbst noch weitere Fähigkeiten gefordert sind (als überfachliche oder prozessübergreifende Qualifikationen bekannt, z. B. Eigenverantwortung, Selbstmotivierung, bzw. intrinsische Arbeitsmotivation, lebenslanges Lernen, Selbstständigkeit, Teamfähigkeit, arbeitsteilig arbeiten lernen). Der Begriff macht auf die (beruflich relevanten) individuellen Persönlichkeitsaspekte aufmerksam. Eine weitere Konnotation, die über den Begriff der Qualifikation hinausgeht, ist die der Relevanz des Wissens für die Person: Erst entsprechende Kompetenzen ermöglichen es, erlerntes Wissen im Kontext der Arbeit angemessen zu verwenden, sie ermöglichen eine selektive Bewertung des Wissens und die Verfügbarkeit/Anwendbarkeit des Wissens für die anstehenden

---

18 Vgl. zur Situation von Ausbildung und Berufsqualifikation bei Benachteiligten (insbesondere Straffälligen): Matt 2005.

19 Formen des informellen Lernens, die außerhalb Deutschland bedeutend stärker vertreten und anerkannt sind, sind zu fördern (vgl. Dohmen, 2001). Sie sind praktisch orientiert und leisten eine Verbindung von Arbeiten und Lernen.

20 Vgl. arbeitsmarktbezogen: Plath 2000, in Bezug auf den Begriff der Bildung: Vonken, 2001; in Bezug auf die Messungsmöglichkeiten von Kompetenz: Erpenbeck et al., 2003.

Arbeitsaufgaben. Dergestalt ermöglichen Kompetenzen erst die Handlungsfähigkeit im Arbeitsprozess selbst.

Gerade im Kontext der beruflichen Integrationsförderung sind soziale Kompetenzen/Schlüsselqualifikationen (Pünktlichkeit, Zuverlässigkeit, Durchhaltevermögen, Disziplin, Ausdauer, Belastbarkeit, Einsatzwille u. v. m.) von zentraler Bedeutung. Diese sind notwendig, um in einem Betrieb, auf einer Arbeitsstelle in Kooperation mit den anderen und in Kommunikation mit ihnen als Mitglied zu „funktionieren" und die Arbeit angemessen leisten zu können. Sie lassen sich wiederum am besten in praktischen Kontexten erlernen. Zugleich hat das Erlernen von Qualifikationen entsprechende Kompetenzen zur Voraussetzung. Angesichts der Klientel der Straffälligen erweist sich die Herstellung von Schlüsselqualifikationen, die Förderung der sozialen Kompetenzen als ein integraler und notwendiger Bestandteil einer jeglichen beruflichen Förderung. Gerade diese sind für die Frage der Vermittlung in und auf den Arbeitsmarkt zentral. Damit steht aber als Ziel nicht ausschließlich die fachspezifische berufliche Qualifikation im Vordergrund (nicht der „Beruf"), sondern der Lernende selbst: Es geht um den Aufbau von Selbstbewusstsein (durch erfahrbare Leistungen) und um die Frage der Selbstermächtigung, also des Empowerments.

Im Folgenden wird aufgezeigt, was in einem EDV-Kurs in einer Justizvollzugsanstalt[21] von den Teilnehmern gelernt wird, und zwar eben nicht nur an fachlichem Wissen, an Fertigkeiten am PC, sondern gerade auch in Bezug auf die Frage des Empowerments: Gewinnen sie wieder Vertrauen in sich selbst? Gewinnen sie wieder eine Perspektive für ihre Zukunft? Entwickeln sie Motivation für die Durchsetzung einer konkreten beruflichen Perspektive?

EDV-Kurse in der JVA Bremen

In Bremen sind 2001 im Rahmen des Verbundprojektes „CHANCE" zur schulischen und beruflichen Qualifizierung von Strafgefangenen EDV-Kurse als bezahlte Vollzeit-Maßnahme für männliche erwachsene Strafgefangene eingerichtet worden.

---

21 Vgl. auch Hendricks und Schnetter (2003) auf Basis von AusbilderInnen-Interviews; zur Implementierung und Evaluation im österreichischen Strafvollzug: Hammerschick (2002, 2003). Allgemein zum E-Learning: Dittler (2003).

Die Ausbilder wurden nicht von der Anstalt, sondern von externen Institutionen gestellt. Das im Folgenden herangezogene Datenmaterial ist im Laufe meiner Tätigkeit als wissenschaftliche Begleitung des Verbundprojektes erhoben worden. Zwei EDV-Kurse mit jeweils maximal 10 männlichen Teilnehmern wurden evaluiert: einer in Bremerhaven, eine zwölfwöchige Trainingsmaßnahme – mit Lernsoftware arbeitend – (5 Durchläufe), und einer in Bremen, eine sechsmonatige Qualifizierungsmaßnahme (ohne Lernsoftware) im Rahmen des e-LiS Projektes aus dem EQUAL-Programm (3 Durchläufe). Beide Kurse wurden vom Arbeitsamt gefördert. Die Insassen wurden durch Mundpropaganda, einem Aushang und/oder durch die Vermittlung der Berufshilfe auf den Kurs aufmerksam. 21 der Teilnehmer gehörten zur Altersgruppe der 21-30-Jährigen, 26 zu der der 31-40-Jährigen, und acht waren über 40 Jahre alt (Durchschnittsalter 33 Jahre). Die Grundvoraussetzungen der Teilnehmer waren im Bremen-Kurs etwas besser, die Teilnehmer hatten vermehrt Realschulabschlüsse (32,5% der Teilnehmer in Bremerhaven versus 58,8% in Bremen).

Das der Analyse zugrunde liegende Datenmaterial sind qualitative Interviews mit den Teilnehmern (10 in Bremerhaven, 6 in Bremen), Expertengespräche mit den Ausbildern sowie viele Beobachtungen in den Kursen.[22] Weiteres Datenmaterial besteht aus standardisierten Fragebögen, die den Teilnehmern zur Einschätzung ihrer Kurserfahrungen vorgelegt wurden (N=58; 40 in Bremerhaven, 18 in Bremen), sowie Fragebögen für die Ausbilder zur Einschätzung der Teilnehmer (N=84; 53 in Bremerhaven, 31 in Bremen)[23].

Inhaltlich orientieren sich die Kurse am Programm des Europäischen Computer-Führerscheins (ECDL[24]). Es sollen sechs der sieben Module gelehrt werden. Das siebte Modul, das Internet, ist aus Sicherheitsgründen in einer JVA nicht zugelassen. In Bremerhaven wurde die ECDL-Prüfung (online) abgelegt, in Bremen wurde ein entsprechender, hieran angelehnter Test intern durchgeführt.

Ein neuer Ausbilder in Bremen schätzte anfänglich die Kursdauer von sechs Monaten als zu lang ein, da das Pensum „draußen" normalerweise in drei Monaten absolviert werden kann. Doch als er die Lernschwierigkeiten und die Lerngeschwindigkeit der Insassen kennen lernte, revidierte er seine Meinung. Die Teilnehmer wurden ent-

---

22 Im Folgenden stehen die Erfahrungen der Teilnehmer im Vordergrund. Bei den bisherigen Evaluationen des E-Learnings wird gerade moniert, zu sehr auf Programme und Technik zu achten als auf die Lerneffekte, auf die Situation und Erfahrungen der Lernenden (so Attwell et al., 2003).

23 Von den 84 von den Ausbildern eingeschätzten Teilnehmern hatten 67 (45 in Bremerhaven, 22 in Bremen) den Kurs durchgehend besucht, 17 (9 in Bremerhaven, 8 in Bremen) den Kurs vorzeitig beendet. Abbruchgründe waren in sechs Fällen Entlassung, in fünf gesundheitliche Einschränkungen und in den anderen verschiedene, wie Kündigung, Flucht u. a.

24 siehe www.dlgi.de

sprechend gefordert; der Ausbilder setzte sich deutlich durch, wenn er den Eindruck hatte, dass nicht konzentriert gearbeitet wurde. Vom Unterrichtsstil her wurde ein Mix von Frontalunterricht, Lernphasen und Phasen des eigenständigen Ausprobierens entwickelt. Trotz der formalen Prüfungen ist der Unterricht geprägt durch Elemente des informellen Lernens. Dies hat sich als ausgesprochen förderlich für die Teilnehmer erwiesen. Zur Anwendung kommt vor allem die Microsoft-Office-Software. Die Teilnehmer selbst arbeiten gerne mit der Power Point-Software, da sie einen Spielraum für die Kreativität bietet. Aber auch die anderen Programme, wie Word, Excel oder Access, werden bereitwillig erlernt.

Ca. zwei Drittel der Teilnehmer kamen ohne oder mit nur sehr geringen Vorkenntnissen in den Kurs. Einige wenige Teilnehmer schaffen problemlos das Pensum und fragen nach weiteren Aufgaben, andere haben noch nie mit einem Computer gearbeitet. (*„Es war für mich 'ne andere Welt"* Bhv 10.)[25] Werden die Fertigkeiten des Lesens, Schreibens und Rechnens vorausgesetzt, so lassen sich diese hervorragend am PC lernen.[26] Gelegentlich werden weitere anwendungsbezogene Programme eingesetzt: Ein Teilnehmer hatte z. B. seine bisherigen Zeichenkünste wieder entdeckt und nutzt nun entsprechende Möglichkeiten des PC. Ein passendes Graphikprogramm wurde installiert.

In der Regel sind die Kurse sehr heterogen besetzt; die Ausbilder treffen auf Teilnehmer unterschiedlichen Alters, mit sehr unterschiedlichem Vorwissen und sehr verschiedenen Lernbiographien. Der Umgang mit unterschiedlichen Lernstilen und -techniken ist gefordert. Die Ausbilder haben es mit individuellen Lernwegen, -zielen, -tempi, -zeiten- und -strategien zu tun. Die Spannweite reicht von funktionalen Analphabeten bis zu erfahrenen Geschäftsmännern. Solche Gruppen stellen eine große Herausforderung für die Dozenten dar. An ihrer Fähigkeit, auf alle gleich gut eingehen zu können und den Unterricht flexibel zu gestalten, hängt zu einem nicht geringen Teil der Erfolg des Kurses ab. Die Möglichkeiten des selbstständigen Arbeitens am PC erleichtern die Ausbildungsaufgabe. Ferner ist es hilfreich, die Teilnehmer dahingehend anzuleiten, sich wechselseitig zu helfen. In der Praxis bedeutet dies, dass ein Teilnehmer, der mit einem Modul (Lerneinheit) weniger Probleme hat und die zugehörige Lernsoftware zügig durcharbeitet, seinem langsameren Nachbarn

---

25 Die im Folgenden präsentierten, kursiv gekennzeichneten Zitate sind Auszüge aus den transkribierten Interviews. Die Kürzel beziehen sich auf den Ort (Bhv - Bremerhaven; HB - Bremen), die Zahl auf die Nummerierung der Interviews. Die Transkription ist konversationsanalytisch orientiert, dialektale und andere Eigenheiten wurden beibehalten.

26 *„Und sonst, was wir auch machen, ist die Auffrischung von Grundfertigkeiten, Lesen, Schreiben, Rechnen. Und diese Grundfertigkeiten planvoll einzusetzen. In überlegten Strategien verbinden, Problemlösungsstrategie, das ist ja letztendlich beruflich. Wenn auch übergreifend"* so Ausbilder 1 in einem Interview (S. 17).

Tipps geben kann. Gerade angesichts der Verhaltensweisen im Gefängnis, die sich eher durch „Einzelkämpfertum" auszeichnen, trägt eine solche Arbeitsweise zur Entwicklung sozialer Kompetenzen bei. Für ein gutes Lernklima ist der Gruppenzusammenhang von großer Bedeutung.

Ein respektvoller Umgang ist in einer Haftanstalt nicht unbedingt vorherrschend. In der Regel sind die Insassen völlig in ihrer Selbstständigkeit eingeschränkt, sie müssen den Anordnungen der MitarbeiterInnen folgen. Seitens der Insassen wird ebenso gesehen, dass sie selbst eine schwierige Klientel sind, dass der Umgang mit ihnen für andere nicht einfach ist. In der Regel testen sie Grenzen aus, beispielsweise, wie durchsetzungsfähig die Ausbilder sind.

Sowohl bei den Ausbildern als auch bei den Kursteilnehmern herrscht eine große Akzeptanz des Kurses. Die Teilnehmer zeigen ein hohes Durchhaltevermögen, in den internen Prüfungen werden angemessene bis gute Ergebnisse erreicht. Praktiziert wurde die Regel, dass – analog zum Procedere „draußen" – nach einer durchgefallenen Prüfung zwei Nachprüfmöglichkeiten gegeben werden. Das hohe Engagement der Teilnehmer (geringe Fehlzeiten, geringe Fluktuation, geringe Abbrüche) zeigt zugleich ihre Lernwilligkeit und -fähigkeit auf. Beides zu entwickeln und zu fördern ist die Grundvoraussetzung für eine Beschäftigung mit und der Entwicklung einer beruflichen Perspektive. Dies zu leisten gelingt den Kursen sehr gut.

Im Vordergrund steht das Erlernen von Kompetenzen und Schlüsselqualifikationen. Die Insassen sollen und müssen lernen, sich konzentriert mit der fachlichen Materie auseinander zu setzen und Bedienungsfehler als eigenes Fehlverhalten zu erkennen, ohne die Frustration am technischen Gerät abzulassen. Integraler Bestandteil des Unterrichts ist der dazugehörige Prozess der Selbstdisziplinierung, der in letzter Konsequenz dazu führen soll, eine Verantwortung für das eigenständige Lernen zu entwickeln. Für die Ausbilder bedeutet dies, den Teilnehmern eindeutige Grenzen zu setzen und ihnen von vornherein klar zu machen, dass Randalieren, Missbrauch der technischen Geräte und grober Unfug die Durchführung des Kurses gefährden. Sie erklären den Teilnehmern immer wieder, dass für eine erfolgreiche Teilnahme und Weiterförderung der Kurse die aktive und verantwortungsbewusste Mitarbeit aller gefordert ist.

Motivation

Die Lernmotivation der Teilnehmer ist unterschiedlich:

- einige Insassen besuchen den Kurs, um ihre berufliche Entwicklung zu fördern

- andere erachten den mit dem Besuch des Kurses erhofften Zuwachs an Allgemeinbildung als wichtig (Anschluss an die technische Entwicklung zu bekommen, mitreden zu können, eine Kulturtechnik zu erlernen)

- ein kleinerer Teil besucht den Kurs als willkommene Alternative zu den anderen Angeboten der JVA (repetitive Verrichtungen im Stücklohnbereich)

- manche halten den Kurs für eine sinnvolle Freizeitbeschäftigung, die allemal besser als die Monotonie der Zelle ist.

Erfolgserlebnisse sind für dieses Klientel absolut wichtig. Viele kommen ohne jegliche Vorkenntnisse in den Kurs, andere haben schon mal einen PC besessen. Doch alle können relativ schnell etwas Produktives (Text, Lebenslauf, Bewerbung u. a.) herstellen. Wichtig ist, mit praxisrelevanten Materialien und Aufgaben zu arbeiten. Für die Teilnehmer ist es motivationssteigernd, Arbeiten, die ihrer Lebenswelt und ihrem persönlichen Interesse entsprechen, auszuführen. Die Anwendbarkeit des erlernten Wissens, seine praktische Relevanz wird hierdurch deutlich gemacht. Der „Realcharakter" des Lernens zeigt sich. Dadurch erfahren die Teilnehmer, dass sie etwas leisten können und eben nicht in ihrer Grundhaltung („ich kann nix, bin nix, bin wertlos") bestätigt werden. Zentrales Motiv ist die Herstellung und die Stärkung von Selbstbewusstsein.

> „Das hat etwas ... ein bisschen was mit Stolz zu tun, ich bin Stolz darauf, das [die Prüfungen] geschafft zu haben, weil ich mir sage, dass soll mir erst mal einer nachmachen, denn die Fragen sind gar nicht so einfach, wie viele denken." (Bhv1)

Der Aspekt „Stolz" wird von dem Befragten auch mit dem Ausdruck des Wiedergewinnens von „Respekt vor sich selbst und vor anderen" umschrieben. Er entsteht, neben den Lernerfolgen, ebenso dadurch, anderen, sei es im Kurs, sei es z. B. im Freigang, die neu erworbenen Fertigkeiten präsentieren zu können.

> „Nein, also der Stoff ist derselbe und das wird auch so bleiben. Also wenn das schwieriger ist – ich hab auch versucht, den anderen zu helfen. Also auf meine Weise, auf die Art und Weise wie das hier mit dem Slang so rüberkommt. Es gibt auch welche, die nicht der deutschen Sprache so mächtig sind und denen versuchen einige

Ausdrücke zu übersetzen, zu zeigen wie das am einfachsten geht. Er spricht ja so ein bisschen professorenmäßig, mehr amtlich. Da muss man einfach auf die Leute zugehen und sagen: Pass mal auf, das tust du, das tust du und dann kann man das schlicht und einfach erklären, der soll überrascht sein. Dann überrasch ich und geh darauf zu und wunderbar. Für viele Leute war das Neuland." (HB4, S. 3)

Auch das Erlangen eines Zertifikates über die erfolgreiche Teilnahme ist für einige ein zusätzlicher Anreiz:

> *„Für mich war das sehr bedeutungswert, weil – ich hab mich gefreut, meine Frau hat sich draußen gefreut, und – eh ehm, Familienmitglieder haben sich auch gefreut, dass die gesagt haben, Mensch, hier drinne, unter diesen Umständen, doch, eh, sag ich mal, ein Stückchen Platz zu haben, um, eh, dieses sich anzueignen."* (HB3, S. 6f.)

> *„Zeugnis, sehr wichtig, nicht nur arbeitsmäßig, sondern auch- wegen mein Vater ... ich ihm das vorzeigen kann."* (Bhv 8)

Weiterhin ist eine erfolgreiche Teilnahme von Vorteil innerhalb der Anstalt, z. B. für die Gewährung von Lockerungen (vgl. Matt, 2003b). Der folgende Teilnehmer formuliert ihn als Konflikt zwischen der Solidarität unter den Insassen und der Möglichkeit von Vergünstigungen.

> *„Da haben wir uns gesagt, nee nee, wenn der rausfliegt, dann gehen wir alle, da ist ein ganz klare Sache, weil mit einer Diskette erwischt zu werden, das ist kein Grund jemanden rauszuschmeißen. Aber für viele Gefangene ist das ein Weg nach draußen, Knackis brauchen positive Sachen für die Akte und 2/3 und Urlaub und und und, und da haben wir uns gerade gemacht, da ist er drin geblieben. So aber, wenn da natürlich so ein Idiot dabei ist der nur Scheiße ist, dann ist klar, die Möglichkeit, dass er rausfliegt können se machen, der braucht nur einmal die Hand heben, dann kann der Lehrer ihn rausschmeißen."* (HB2, S. 10f.)

Teilnehmer formulieren selbst Kriterien der Teilnahme: Die Kandidaten sollten „qualifiziert sein", nicht stören, auch nicht nur „rumhängen", nicht Analphabeten sein, sollten motiviert sein, nicht „einen Lauen machen", keinen Bock auf Arbeit haben, nicht durch Drogen beeinträchtigt sein. Kritik wird an jenen Teilnehmern geübt, die aufgrund von Unlust o. ä. die Gruppe stören und damit deren Lernerfolge beeinträchtigen. An diesem Kriterium zeigt sich die hohe Motivation der Teilnehmer zu einer erfolgreichen Durchführung des Kurses.

Selbst sehr schwierige Fälle können hier das erste Mal in ihrem Leben zu Erfolgserlebnissen kommen. Und es ist u. U. gerade dieser Stolz, dieser Gewinn an Selbstbewusstsein und -vertrauen, der eine soziale Integration fördern kann. Das erworbene Fachwissen führt schnell zu vorzeigbaren Ergebnissen. Die Erfolgserlebnisse umfassen die Dimensionen der Erfahrung des Erwerbs, und insbesondere gerade auch der Anwendung von Fachwissen (i. e. Qualifikation), als auch die erworbenen sozialen und Lern-Kompetenzen, einschließlich des Stolzes, anderen etwas erklären zu können. Das Ergebnis wird als eines der eigenen aktiven Tätigkeit erfahren. Zugleich wird aber auch gesehen, dass ein Anschluss danach notwendig ist.

„Wenn man so was macht, dann muss man eh, dann muss man auch, ich weiß – dann muss man auch so – nicht am Ball bleiben, also sich auch ein bisschen beschäftigen, weil man – das geht nicht, wenn ich EDV-Kurs mache und danach drei Jahre EDV nicht mache, das bringt nichts. Das ist Quatsch, ist das, weil eh, okay vielleicht bringt es bisschen, aber das – also musst dann, was weiß ich, zu Hause ein PC haben oder vielleicht Internet Café oder auch arbeiten mit PC. Aber wenn man jetzt Computerkurs macht, EDV-Kurs, und dann nichts mehr macht erst mal, dann ist schlecht." (HB5, S. 4)

Entwicklung

Im Verlauf der Teilnahme an den Kursen zeigt sich eine typische Entwicklung: Verhalten sich die Teilnehmer zu Anfang eher reserviert und ihre Motivation ist, die Zeit angenehm zu verbringen. Mit den ersten Erfolgserlebnissen und den ersten Wissensaneignungen jedoch wird das Interesse, das Engagement und die Teilnahmemotivation geweckt.

„Nee am Anfang war das schwer, aber ich wurde immer besser also von der – jeden Monat wurde ich immer besser. Das sieht man auch, wenn man jetzt so ein Diagramm machen, dann wird das – steigt immer höher. Und ich hab das ihn auch gesagt. Ich hab gesagt, ich hab draußen die letzten acht Jahre nichts gemacht, aber das ist genauso wie ein Motor, der muss erst mal angehen." (HB5, S. 2)

Viele Teilnehmer schätzen es sehr, dass ihnen diese Maßnahme eine Kulturtechnik näher bringt, die sie bisher nur vom Hörensagen kannten und die ihnen verschlossen geblieben ist. Dass neue Technologien Einzug in den Strafvollzug halten, erhöht ihre Motivation, ihr Interesse und wird als Aufwertung erfahren. Dadurch gewinnt ihre Arbeit an Ernsthaftigkeit.

„Ja man fühlt sich wieder auf den modernen Stand, man sieht es ja im Fernsehen ... wenn ... ich mir die Zeitschrift durchlese, dann mit meinen eigenen Erfahrungen vergleichen kann, dann sag ich mir, wir sind hier schon auf einem guten Standard, also wir kommen mit der Zeit gut mit und das ist wichtig, weil – ich denke, was würde es großes bringen, wenn man mit 10 Jahre altem Kram arbeiten müsste." (Bhv1)

Ein weiterer genannter Aspekt ist die Tatsache, dass eine derartige Bildungschance überhaupt in einer JVA stattfinden kann. Für eine Teilnahme an einer Maßnahme „draußen" sieht ein Teilnehmer für viele Straffällige aufgrund von Tätowierungen, schlechtem körperlichen Zustand und auffälligem Verhalten kaum Chancen.

Für einen anderen Teilnehmer war es von Bedeutung, wieder Anschluss an die Entwicklung von Allgemeinwissen zu gewinnen.

> „Ja, mehr lernen, also das ist erstens, dass ich mich wieder interessiere zu lernen, dass – draußen hab ich das eigentlich jetzt gar nicht gemacht, ich hab meinen Gesellenbrief in der Tasche gehabt, also – hab ich gesagt, zu den ganzen Leuten, jetzt könnt ihr mir alle am Arsch lecken, jetzt hab ich das, was ich haben wollte, und denn hab ich da meine Arbeiten gemacht, wo ich gearbeitet habe in der Firma, ja und denn – hat mich alles gar nicht mehr interessiert, sag ich mal ganz ehrlich, und jetzt – durch den EDV Kurs, der hat mich wieder zu eh-" (I: „Gewissermaßen das Interesse am Lernen – „) „- auch der Spaß – wieder Spaß am Lernen – gehabt, ja. " (Bhv4)

Durch schnelle erste Erfolge ebenso wie durch die Erfahrung der (wiedererlangten) Fähigkeiten zu lernen, der Steigerung der Quantität und der Qualität der Ergebnisse entwickelt sich verstärkt das Selbstbewusstsein der Teilnehmer. Durch Weckung des Interesses, durch Abbau von Ängsten sowie der Herstellung der Bereitschaft zur geduldigen Auseinandersetzung mit dem PC gelingt es, entsprechende Lernentwicklungen anzustoßen und zu fördern. Die positiven Erfahrungen wiederum steigern die Motivation zum und das Interesse am Lernen.

Grafik 1: Antworten der Teilnehmer

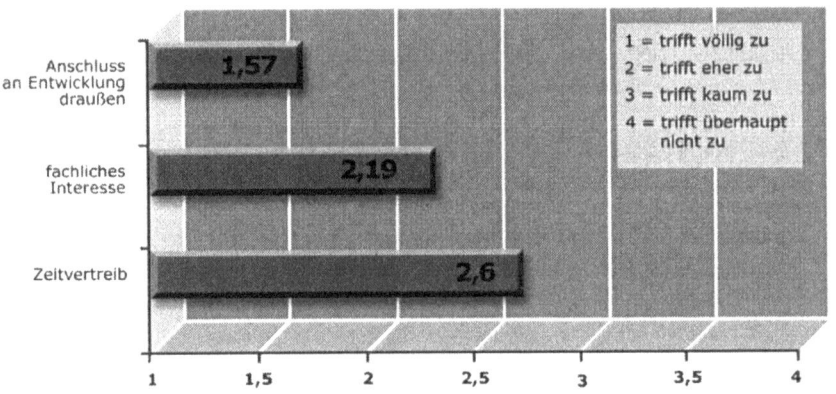

Stimmungsschwankungen

Die besondere Situation des Gefängnisses lässt sich an der Thematik Stimmungs-schwankungen aufzeigen. Oftmals sind die Teilnehmer durch andere Dinge blockiert, sei es aufgrund der „Stimmungsschwankungen", sei es aufgrund von Konflikt-bearbeitungen, was sich negativ auf die Lernsituation auswirkt. An diesen Phä-nomenen zeigt sich besonders deutlich die Besonderheiten der Lernsituation Gefängnis sowie die Notwendigkeit einer sozialpädagogischen Betreuung bei dieser Gruppe. In diesen Situationen erweist sich die Möglichkeit einer sozialpädagogischen Betreuung von Vorteil, da der Teilnehmer durch entsprechende Interventionen auf-gefangen werden kann.

> „Es hilft ja nicht, wenn man hier reingeht, und – eh – man hat hier 'nen Frust, und eh 'nen dicken Hals, und da muss ich sagen, wenn man da mit jemanden spricht, der – nicht so konfrontiert ist, hier vom Knast, da – das nimmt einen schon ein bißl den Stress weg und so was, neh, und – ich sag mal, die letzten 10 – ja doch die letzen 10 Monate – hatte ich also doch sehr – also es ist immer – wenn man kurz vor der Entlassung steht, oder man hat die Hoffnung, man wird entlassen, und denn kommt 'n Bumerang, und – nee, sie werden nicht entlassen, dann kommst hier her, und – und – dicken Hals, keene Lust mehr, eh eh 'ne Aggression in sich, und – das hilft hier wirklich sehr viel, dann – mit den Leuten zu sprechen darüber, weil – die sehen es 'n bisschen anders, weil – die sehen dich hier den ganzen Tag, wie du hier bist, und eh – von denen – von den Beamten kriegst du irgendwie 'ne blöde Beurteilung und das geht dann alles in die Hose." (HB3, S. 9f.)

Gerade aufgrund dieser für die Situation Gefängnis typischen Lage, das Eingeholt werden durch persönliche Tragödien (Beschwerde gegen die Staatsanwaltschaft, zu hohe Dosierung mit Methadon, neue Verurteilung zu weiterer Strafhaft; aber ebenso familiale u. a. Probleme) und zugleich in einer Situation zu sein, nicht angemessen (oder überhaupt) hierauf reagieren zu können, verlangt eine sozialpädagogische Betreuung.[27] In der Situation Gefängnis ist aufgrund der sehr stark eingeschränkten Handlungsmöglichkeiten die Erfahrung derartiger Krisen besonders ausgeprägt. Einer Betreuung kann es gelingen, die Insassen wieder zu stabilisieren. Zugleich stellen derartige Krisen Situationen dar, in denen angemessenes Verhalten gelernt werden kann. Die oftmals zu findenden Reaktionen des Rückzuges, der Aufgabe oder des Aggressiv-Werdens und Aufbrausens erweisen sich als nicht angebracht. Durch die

---

27 Die Streichung der Förderung der sozialpädagogischen Betreuung in der derzeitigen Arbeitsmarkt-politik ist entsprechend zu kritisieren.

Betreuung gilt es zu erlernen, Reaktionen zu zeigen, die das Ausbildungs- oder Arbeitsverhältnis nicht gefährden.

EDV und Arbeitsmarkt

Die berufsvorbereitende Dimension und Nutzung des Kurses wird von den meisten Teilnehmern realistisch, d. h. im Rahmen ihrer eigenen beruflichen Möglichkeiten, ihrer Vorstellungswelt und Kenntnisse der Berufswelt eingeschätzt (Lagerarbeit, Maschinenführer, Gastronomie, Computerkassen, betriebliche Nutzung von Computern, bisherige Ausbildungen). Es wird deutlich gesehen, dass der Computer – in welcher Form auch immer – in fast alle Bereiche der Arbeitswelt Einzug gehalten hat. Eine ausschließliche Fokussierung auf den EDV-Bereich findet sich allenfalls in Ausnahmefällen.[28]

Interviewer: „Was hat sie motiviert, hier mitzumachen, den Kurs zu machen, dass sie überhaupt was tun oder schon- spezielles Interesse auch–"

„Nee, ich hatte eigentlich spezielles Interesse dadran, und eh – ja wie soll ich sagen, ja, ich wollte sowieso mit Computern weiter draußen arbeiten, weil – heutzutage ein Job – ohne eh – wie mit Computern umzugehen eh – gibt's eigentlich gar nicht, schon fast unmöglich, auch in meiner Branche, wo ich gelernt hab, Autolackierer, Farben mischen, läuft alles nur noch über Computer, wenn man da keine Ahnung von hat, denn- braucht man sich eigentlich gar nichts vorstellen." (Bhv4, S. 1)

Interviewer: "Die Teilnahme ist für sie eine sinnvolle Geschichte–"

„Ja, auf jeden Fall, wie gesagt, es hilft mir, erstens macht es mir Spaß, hier drinnen, und draußen hat es mir auch Spaß gemacht, zweitens ich brauch es für meinen Job, kann es gut gebrauchen, wenn ich jetzt meine Lehre mache als Hotelfachmann, oder als Disponent wieder arbeite, eh, kann ich sehr gut gebrauchen, es macht ein gutes Bild, wenn ich schon 'n Computerführerschein vorlege, ehm, drittens ich werd es auch draußen noch mal weiter machen, also ich werde die anderen – die restlichen Module werd ich auch machen." (Bhv6, S. 5)

„Oder als Portier habe ich auch schon gearbeitet, da wäre es natürlich auch von Vorteil, wenn man diesen Schein vorweisen könnte, Abrechnungen und Reservierungen, das läuft ja auch alles über Computer, da hätte ich dann schon Pluspunkte, wenn ich

---

28 Ein Ausbilder erwähnte hierzu, dass abgehobene Vorstellungen am ehesten bei denen, die über überhaupt keine Erfahrungen mit der Arbeitswelt verfügen, aufgetreten sind. Ohne jegliche vorherige Kontakte zur Arbeitswelt ist ein Anwendungsbezug für die Person kaum herstellbar.

mich da bewerbe, wo ich auch Lust zu hätte, also es hat ja nicht ausschließlich mit Computer zu tun." (Bhv5, S. 11)

Der Gewinn des Kurses, die erworbenen Kenntnisse im EDV-Bereich werden von den Teilnehmern in ihre bisherigen Kenntnisse der Arbeitswelt integriert. Sie werden als eine zusätzliche und notwendige Qualifikation betrachtet, mit der sich ihre Chancen auf dem Arbeitsmarkt verbessern können. Ziel ist nicht ein Unterkommen in EDV-Berufen, sondern die Wiedererlangung des Gefühls, von Entwicklungen am Arbeitsmarkt nicht (mehr) ausgegrenzt zu sein. Ohne das neue erworbene Wissen würde z. T. überhaupt keine Chance mehr auf dem Arbeitsmarkt gesehen. Gedeutet wird der Lernerfolg ebenso als ein Plus gegenüber anderen Bewerbern. So gesehen dient das erworbene Wissen stärker der Allgemeinbildung. Oder in den Worten eines Ausbilders: *„Es ist eben prozessübergreifend, ein Werkzeug, es ist kein Beruf."*

Fazit

Es zeigt sich, dass in den Kursen die berufliche Orientierung zwar von Bedeutung ist, aber auch der Zuwachs an Allgemeinwissen sowie der Umgang mit den Neuen Medien (im Sinne von Medienkompetenz) erweist sich als zentral. Eine Zertifizierung des Kurses ist von besonderer Bedeutung, zeigt sie doch, dass die Strafgefangenen in der JVA etwas Sinnvolles gelernt haben. Die Motivation zur Teilnahme ist ebenfalls z. T. Ausdruck davon, in einer Anstalt zu sein: Von Bedeutung ist, nicht den ganzen Tag „auf Zelle" verbringen zu müssen.

Die Heterogenität der Klientel wird deutlich in den unterschiedlichen Lernstilen und Lernfähigkeiten, dem im Vergleich zu „draußen" wahrscheinlich langsameren Tempo, dem Wiedererlernen-Müssen des Lernens. Ebenso bringt die Situation JVA mit ihren Elementen oftmals Blockierungen des Lernens mit sich – die Insassen sind dann mental mit anderen Dingen beschäftigt. Deutlich wird aber, dass bei vielen Insassen die anfängliche Motivation zur Teilnahme, den Tag angenehm verbringen zu können, durch die Lernerfolge und das Medium verändert wird zu einer aktiven und interessierten Teilnahme.

Gerade die Lernsituation, die stärker am informellen Lernen orientiert ist, ermöglicht Lernerfolge im Bereich (sozialer) Kompetenzen: z. B. Teamfähigkeit (mit anderen auskommen, insbesondere auch mit den Ausbildern, mit anderen rechnen können, reden können, anderen vertrauen, sich austauschen können), soziale Umgangsformen, Konfliktbearbeitungsformen u. a. m, aber auch wieder Vertrauen in die eigene

Tätigkeit, in die eigenen Fähigkeiten, die eigene Person zu entwickeln. Geweckt wird weiterhin ein Interesse am Lernen. Der Lernerfolg hängt ab von den jeweiligen individuellen Voraussetzungen sowie sozialen Kompetenzen, und, soweit vorhanden, von der Arbeitsfähigkeit.

Der Erfolg ist aber ebenso abhängig von der Einbettung in einen sozialen Kontext und von der Gestaltung der Lernumgebung. Ein entsprechender Erfahrungsraum, der Verknüpfungen oder Vertiefungen andersartiger Lernprozesse ermöglicht, muss geschaffen werden. Gerade in der IT-Branche wird von einer relativ gleich-berechtigten Position der Lehrenden als Facilitator (Overwien, 2003) ausgegangen. Stärker egalitäre Konstruktionen sind im Bereich der Erwachsenenbildung von Vorteil. In einer Haftanstalt sind sie zugleich seltene Beziehungsformen, die damit wiederum einen Reiz für sich selbst darstellen. Gerade für Erwachsene ist die selbstständige Auseinandersetzung mit Lerninhalten (unter Anleitung) als Erfahrung eigener aktiver Tätigkeit Erfolg versprechend, wird doch gerade auf diese Art und Weise die Entstehung neuer negativer Lernerfahrungen verhindert. Gefordert ist die Schaffung einer entsprechenden Lernsituation, eines entsprechenden Erfah-rungsraumes, in dem sich ebenso das Verhältnis von Lernenden zum Ausbilder verändert, von einer hierarchischen Struktur hin zu einer der Beratung und Betreuung.

Zugleich wird im EDV-Kurs im Grunde eine neue Kulturtechnik (Medienkompetenz) erlernt (Iberer und Müller, 2003). Dies stellt zum einen eine Grenzsetzung gegenüber der Situation Gefängnis dar, evtl. gar gegen soziale Ausgrenzung, oder, zum anderen, positiv formuliert, einen Schritt hin zu einer sozialen Integration. Deshalb ist die Forderung nach PC-Kursen im Rahmen der beruflichen Integrationsförderung insofern berechtigt als diese Gruppe, die von sozialen und bildungsbedingten Benachteiligungen betroffen ist, nicht noch durch einen weiteren Mangel (Medien-kompetenz) auszugrenzen ist (INBAS, 2003).

Der Kurs stellt eine sehr gute Möglichkeit zur Erlangung von fachlichen und sozialen Kompetenzen dar und, was angesichts der Situation und Ausgangslage des Klientels von herausragender Bedeutung ist, er weckt das Interesse am Lernen. Weiterhin erfolgt eine Steigerung des Selbstbewusstseins durch die Erfolge in den Maßnahmen und die dort erworbenen sozialen Kompetenzen (im Umgang mit anderen Insassen und Ausbildern). So gesehen wird die direkte berufliche Verwertung für die meisten Teilnehmer eher im Rahmen ihrer bisherigen Erfahrungen mit der Berufswelt gesehen und das Vertrauen in die Umsetzbarkeit gestärkt. Über die Wiedererlangung einer Lernmotivation sowie über das neu entstandene Selbstbewusstsein wird ein weiterer

Grundstein für die zukünftige berufliche Entwicklung (indirekt) gesetzt. Das Vertrauen in die eigene Lernfähigkeit und insbesondere gerade darauf, sich überhaupt auf dem Arbeitsmarkt behaupten zu können und dort (wieder) eine Chance zu haben, wird hergestellt. Verbessert werden die persönlichen und fachlichen Voraussetzungen zur Wiedereingliederung in den Arbeitsmarkt.

Zu hoffen bleibt, dass die Teilnehmer in ihrem Sozialverhalten, ihren sozialen Kompetenzen und ihrer neu gewonnen Selbstkonzeption derart stabilisiert sind, dass sie sich jetzt besser im Alltag zurechtfinden. Aber auch ihre Freizeitgestaltung (und damit ihre Tagesstrukturierung) kann von den EDV-Kursen gute Impulse kommen.

Literatur

Attwell, G.; Dirckinck-Holmfeld, L.; Fabian, P.; Kárpáti, A.; Littig, P. (2003). E-Learning in Europe – Results and Recommendations. Thematic Monitoring under the LEONARDO DA VINCI-Programme. Hg. von der Nationalen Agentur Bildung für Europa beim BIBB.

Dittler, U. (Hrsg.) (1993). E-Learning. Einsatz, Konzepte und Erfolgsfaktoren des Lernens mit interaktiven Medien. München: Oldenbourg.

Dohmen, G. (2001). Das informelle Lernen. Die internationale Erschließung einer bisher vernachlässigten Grundform menschlichen Handelns für das lebenslange Lernen aller. Hg. vom Bundesministerium für Bildung und Forschung.

Erpenbeck, J.; von Rosenstiel, L. (2003). Handbuch Kompetenzmessung. Erkennen, verstehen und bewerten von Kompetenzen in der betrieblichen, pädagogischen und psychologischen Praxis. Stuttgart: Schäffer-Poeschel.

Hammerschick, W. (2002). Endbericht der Begleitforschung zum ECDL via Tele-lernen für HaftinsassInnen. Forschungsbericht des Instituts für Rechts- und Kriminalsoziologie.

Hammerschick, W. (2003). Das Projekt „Telelernen für HaftinsassInnen" – Schritte auf neuen Wegen in Österreich. Bewährungshilfe 50, 338-34.

Hendricks, W.; Schnetter, K. (2003). Evaluationsbericht I. Befragung der Lehrer-Innen und DozentInnen. Internes Arbeitspapier des IBI – Institut für Bildung in der Informationsgesellschaft.

Iberer, U.; Müller, U. (2003). E-Learning mit einfachen Mitteln. Didaktische Potentiale und praktische Hindernisse. Erwachsenenbildung, 78-82.

INBAS (Hrsg.) (2003). Beiträge zu einer neuen Lernkultur. Modelle integrierter Mediennutzung in der Benachteiligtenförderung. Handbuch mit CD-ROM, zu beziehen bei www.inbas.com

Matt, E. (2003a). Der Projektverbund „CHANCE" in Bremen: Konzeption und Praxis. Zeitschrift für Strafvollzug und Straffälligenhilfe 52, 81-88.

Matt, E. (2003b). Vergünstigungen und Disziplinierungen. Zur implizite Pädagogik im Strafvollzug. neue praxis 33, 493-504.

Matt, E. (2005). Ausbildung und Berufsqualifikation. In: Anhorn, R.; Bettinger, F. (Hrsg.). Sozialer Ausschluss und Soziale Arbeit, 351-366. Wiesbaden: Verlag für Sozialwissenschaften.

Overwien, B. (2003). Das lernende Subjekt als Ausgangspunkt – Befreiungspädagogik und informelles Lernen. Wittwer, W.; Kirchhof, S. (Hrsg.). Informelles Lernen und Weiterbildung. Neue Wege zur Kompetenzentwicklung, 43-70. München: Luchterhand.

Plath, H-E. (2000). Arbeitsanforderungen im Wandel, Kompetenzen für die Zukunft – Eine folgenkritische Auseinandersetzung mit aktuellen Positionen. MittAB 4, 583-593.

Vonken, M. (2001). Von Bildung zu Kompetenz. Die Entwicklung erwachsenen-pädagogischer Begriffe oder die Rückkehr zur Bildung? Zeitschrift für Berufs- und Wirtschaftspädagogik 97, 503-522.

4 „Die Teilnahme hat sich auf jeden Fall gelohnt." – Ergebnisse der Begleitforschung zum Projekt TELFI

Claudia Sorger

Zusammenfassung

In diesem Artikel wird ein Teil der Ergebnisse der Begleitforschung des Projekts TELFI[29] – Telelernen für HaftinsassInnen – dargestellt. Nach einer kurzen Ausführung zur Ausgangslage im österreichischen Strafvollzug und einer Beschreibung des Projekts TELFI werden Ergebnisse von Befragungen der ProjektteilnehmerInnen in den sechs beteiligten Justizanstalten dargestellt. Die TeilnehmerInnen des Projekts bewerten die Kurse und die begleitenden Maßnahmen (psychologische Begleitung und Nachsorgearbeit) überwiegend sehr positiv. „Die Teilnahme hat sich auf jeden Fall gelohnt" – Diese Aussage war während der Interviews sehr oft zu hören. Bei dieser Bewertung ist allerdings auch zu berücksichtigen, dass unter den Bedingungen der „totalen Institution" (Goffmann, 1973) von vielen InsassInnen jede Chance auf Freiraum und damit jedes Angebot an Aus- und Fortbildung dankbar angenommen wird. Auch Hoffnung auf die Verbesserung der Arbeitsmarktchancen spielt eine entscheidende Rolle.

Ausgangslage

Zentrales Ziel des Projektes TELFI ist eine Chancenverbesserung der am Arbeitsmarkt mehrfach benachteiligten Population der HaftinsassInnen durch den Erwerb arbeitsmarktrelevanter Qualifikation und die Steigerung der Vermittelbarkeit unter Einsatz des Lehr- und Lerninstrumentariums Telelernen. Eines der Hauptprobleme bei der Eingliederung von Haftentlassenen in den Arbeitsmarkt ist die geringe oder fehlende Qualifikation bzw. Ausbildung. Je geringer die Qualifikation, desto schwieriger der Neustart nach dem Haftende. Speziell für Frauen ist es dabei noch schwieriger, einen entsprechenden Job zu finden, da sie im Gegensatz zu den männlichen Haftent-

---

29 Das Projekt TELFI, an dem insgesamt 18 Partnerorganisationen beteiligt sind, wird aus Fördermitteln des Europäischen Sozialfonds - Programm EQUAL - und des österreichischen Bundesministeriums für Wirtschaft und Arbeit gefördert. Siehe www.telfi.at

lassenen nicht in Hilfsjobs wie Bauarbeiten oder körperliche Schwerarbeit unterkommen. Ein Großteil der Strafgefangenen ist sowohl vor als auch nach einer Haft ohne Beschäftigung. Qualifizierte Strafgefangene finden nach einer Haft eher Beschäftigung. Der Arbeitsmarkt-Status von Gefangenen bzw. Entlassenen ist von allen sozialen Merkmalen jenes, das am stärksten die Wahrscheinlichkeit einer neuerlichen Straffälligkeit bestimmt (vgl. Hammerschick et al., 1999). Daraus ist zu schließen, dass Maßnahmen zur Qualifizierung bzw. zur Förderung der Arbeitsmarktintegration von Strafgefangenen geeignet sind, deren Position am Arbeitsmarkt zu verbessern.

Die möglichen Auswirkungen des Projektes TELFI müssen vor dem Hintergrund der Rahmenbedingungen im österreichischen Strafvollzug betrachtet werden. Die im Strafvollzug vorhandenen Maßnahmen zur beruflichen Aus- und Weiterbildung reichen bei weitem nicht aus, den Bedarf nach beruflicher Qualifikation der HaftinsassInnen abzudecken. Das Angebot von Kursen zur Aus- und Weiterbildung ist quantitativ nicht ausreichend und so bleiben diese Ausbildungen nur einem sehr kleinen Teil der Vollzugspopulation vorbehalten. Viele Ausbildungs- und Qualifizierungsmöglichkeiten werden nur an einzelnen Anstalten angeboten, weshalb von einer Weiterbildung, die auf die individuellen Interessen und Fähigkeiten der einzelnen HaftinsassInnen zugeschnitten ist, keine Rede sein kann. Im Rahmen der bestehenden Angebote wird außerdem der Anspruch nach vermehrtem Einsatz von Informationstechnologien nicht in ausreichendem Maße berücksichtigt. Abgesehen von einzelnen Justizanstalten, vor allem solchen für lange Haftzeiten, werden die Möglichkeiten zur Aus- und Fortbildung im österreichischen Strafvollzug von ExpertInnen als weitgehend unzureichend bezeichnet (vgl. Hammerschick 2003). Aufgrund einer in den Jahren 1994 bis 1997 durchgeführten Studie wurde errechnet, dass kaum mehr als 3% aller Strafgefangenen an Aus- und Fortbildungsmaßnahmen teilnehmen (Hammerschick et al., 1997). Seither wurden keine Erhebungen durchgeführt. Alleine diese Tatsache gibt Aufschluss darüber, welchen Stellenwert der Aus- und Fortbildung der InsassInnen im österreichischen Strafvollzug zugeschrieben wird. Außerdem gibt es keine Hinweise für positive Entwicklungen, sondern im Gegenteil, ExpertInnen sprechen von einer Krise des österreichischen Strafvollzugs (vgl. Grafl et al., 2004). Der Anstieg einer bis Ende 2001 langjährig stabilen Häftlingszahl von rund 7000 auf rund 8.300 (Stand Mai 2004) bedingt eine Verschlechterung der Haftbedingungen, des Klimas in den Justizanstalten und der Möglichkeit von sozialer Rehabilitation. Die Ergebnisse der Interviews mit den AnstaltsleiterInnen und Weiterbildungsverantwortlichen im Rahmen der Begleitforschung des Projekts TELFI bestätigen diese Feststellungen.

Abgesehen von der Verschlechterung der Rahmenbedingungen ergeben sich auch aus der Veränderung der Haftpopulation erschwerte Bedingungen für die Aus- und Weiterbildung. Von den für die Aus- und Weiterbildung Verantwortlichen wird darauf hingewiesen, dass es zunehmend schwieriger wird, geeignete InsassInnen für Berufsausbildungen zu finden. Notwendig wäre einerseits eine umfassende Bestandsaufnahme zur Situation der Aus- und Weiterbildung in den österreichischen Justizanstalten und darauf aufbauend die Erstellung eines Konzepts zum Ausbau und zur Differenzierung des Aus- und Fortbildungsbereichs im Strafvollzug.

Durchführung der Interviews

In den vorliegenden Artikel fließen die Ergebnisse von Interviews mit TeilnehmerInnen aus Kursen mit vier verschiedenen Inhalten ein: PC-Grundlagen, Deutsch als Fremdsprache, Englisch und Lagerverwaltung. Für diese vier Kursarten wurden insgesamt 118 KursteilnehmerInnen aus sechs verschiedenen Anstalten befragt: 30 TeilnehmerInnen der PC-Grundlagen, 24 TeilnehmerInnen von Deutsch als Fremdsprache, 19 TeilnehmerInnen von Englisch und 45 TeilnehmerInnen von Lagerverwaltung.

Der persönliche Kontakt des Begleitforschungsteams zu den Justizanstalten wurde als notwendig erachtet, weshalb die erste Phase der Erhebungen (zu den PC-Grundlagen) mittels halbstrukturierter Leitfaden-Interviews in den Justizanstalten abgewickelt wurde. Die Besuche in den Justizanstalten konnten so nicht nur für die Interviews mit den HaftinsassInnen genutzt werden, sondern es wurden gleichzeitig Gespräche mit Anstaltspersonal (Ausbildungsverantwortliche, TeletutorInnen etc.) geführt. Diese Vorgangsweise ermöglichte es auch, die Aussagen der HaftinsassInnen mit den Aussagen des Personals zu kontrastieren und umgekehrt. Außerdem nutzte die Begleitforschung die Gelegenheit, um an zwei Teamsitzungen in den Anstalten teilzunehmen, in denen hauptsächlich die Auswahl der TeilnehmerInnen besprochen wurde. Die Befragungen der KursteilnehmerInnen erfolgten in halbstrukturierten Leitfaden-Interviews.

Aufgrund der zu erwartenden sprachlichen Hürden wurden die Interviews zu den „Deutsch als Fremdsprache"-Kursen ebenfalls persönlich in den Anstalten vorgenommen, da in der direkten Interaktion die sprachlichen Barrieren leichter überbrückt werden können. Die Verständigung bei den Interviews erfolgte teils in Deutsch und teils in Englisch. Es gab keine Befragten, mit denen die Verständigung überhaupt nicht möglich war.

Auf Basis der Leitfäden und der bisherigen Ergebnisse wurden für die weiteren Erhebungen Fragebögen erstellt und schriftliche Fragebogenerhebungen durchgeführt. Die Durchführung erfolgte aufgrund technischer Probleme nur teilweise mittels elektronischer Fragebögen in den Anstalten. Die fehlenden Eintragungen wurden mittels schriftlicher Fragebögen in Papierform erhoben.

Zugang zu den Kursen

Die befragten TeilnehmerInnen hatten entweder über den in allen Anstalten erfolgten Aushang (Anschlag am schwarzen Brett) über den Kurs erfahren oder wurden persönlich von JustizwachebeamtInnen darauf angesprochen. In einer Justizanstalt wurden die Häftlinge größtenteils vom Ausbildungsverantwortlichen über den Kurs informiert. Mehrere erfuhren von Mithäftlingen vom geplanten Kurs. Einer der Befragten hatte von sich aus ein Ansuchen auf Weiterbildung gestellt. Grundlage für die Auswahl der TeilnehmerInnen waren die Auswahlgespräche mit den Psychologinnen und die Abstimmung der Ergebnisse dieser Auswahlgespräche in den Anstaltsteams.

Räumlichkeiten und technische Ausstattung

Die Räumlichkeiten und die technische Ausstattung wurden von den meisten TeilnehmerInnen als ausreichend betrachtet. Rund 20% waren mit den technischen Voraussetzungen nicht zufrieden. Als Ursachen für Unzufriedenheiten mit den technischen Voraussetzungen wurden fehlender Zugang zum Server, fehlender Zugang zu den Foren, fehlender Druckeranschluss und die Langsamkeit der PCs genannt. In einer Justizanstalt bemängelten die Befragten, dass kein Drucker vorhanden war und beim Arbeiten mit dem Programm „Word" das Ergebnis deshalb nicht in gedruckter Form zu sehen war. Auch die fehlende Möglichkeit, mit dem Internet zu arbeiten, wurde als negativ bewertet. Beklagt wurden – abhängig vom jeweiligen Kurs – technische Schwierigkeiten mit den CD-ROMs. Teilweise negativ beurteilt wurde bei den Sprachkursen die PC-gestützte Sprachkontrolle. Hier wurde es als wichtig angesehen, dass ein/e TrainerIn anwesend ist, die sich die Aussprache anhört und gezielt korrigiert. Sehr positiv auf die Motivation wirkte sich in einer Justizanstalt die Tatsache aus, dass den Teilnehmern eines Kurses Computer für die Haftäume zur Verfügung gestellt wurden.

Externe TrainerInnen

Einmal pro Woche fand bei allen Kursen eine Kurseinheit mit externen TrainerInnen statt. Die TrainerInnen wurden durchgehend sehr positiv beurteilt. Beim Englischkurs waren 84% sehr zufrieden und 16% eher zufrieden. Beim Lagerverwaltungskurs erreichten die TrainerInnen ebenfalls sehr gute Werte – wenn auch nicht im selben Ausmaß. 58% waren sehr zufrieden, 33% waren eher zufrieden. Nur 9% waren eher nicht oder gar nicht zufrieden.

Insbesondere die Fähigkeit der TrainerInnen „Dinge einfach zu erklären" und deren Geduld hoben die Befragten positiv hervor. Auch von den Jugendlichen wurde der externe Trainer sehr positiv bewertet. Betont wurde immer wieder, dass er die Inhalte sehr gut, einfach und verständlich erklärte und außerdem diese auch „cool" und mit „Schmähs"[30] vermittelte.

Der Frage nach einer Vorliebe für einen Mann oder eine Frau als TrainerIn wurde ausnahmslos mit Unverständnis begegnet. Wichtig sei alleine die fachliche Kompetenz oder wie es ein Befragter ausdrückte: *„Es ist egal, ob der Trainer ein Mann oder eine Frau ist. Wichtig ist, dass er uns nicht als Verbrecher sieht, sondern sieht, dass wir etwas lernen wollen."*

„Blended Learning" in der Gruppe

Die Verbindung von Präsenzunterricht und Telelernen – wie sie im Projekt TELFI zur Anwendung kommt – wird hybrides Lernen oder auch „Blended Learning" genannt. Die TeilnehmerInnen sind fünf Tage in der Woche in den PC-Räumen der Justizanstalten und einmal in der Woche kommen externe TrainerInnen für den Unterricht vor Ort. Der Computer als Lernmedium schien motivierend zu wirken und auch die Vorteile der eigenständigen Übungsmöglichkeit wurden angesprochen: *„Das Programm ist sehr gut, weil man die Sachen wiederholen kann, so oft man will. Der Computer ist geduldig."*

Prinzipiell liegen die Nachteile des Telelernens in der Isolation der Lernenden, da die Tatsache, dass das Lerntempo selbst bestimmt wird, auch negative Auswirkungen haben kann. Hier erwies sich das Lernen in der Gruppe auf jeden Fall als Vorteil gegenüber der völlig isolierten Lernsituation. Das Lernerlebnis in der Gruppe wurde von vielen Befragten als positiv erlebt. Ein Kursteilnehmer brachte dies folgendermaßen

---

30 Schmäh = österreichischer Ausdruck für Witz

zum Ausdruck: *„Die Zusammenarbeit mit den anderen Teilnehmern entwickelt sich jeden Tag mehr. Die Zusammenarbeit funktioniert gut. Wir helfen uns gegenseitig."*

Trotz dieser positiven Erfahrungen mit gegenseitiger Hilfe in der Gruppe, die sich auch auf die sozialen Kompetenzen (Teamarbeit, Umgehen mit Stärken bzw. Schwächen von anderen) auswirkten, wurden die Lernphasen ohne TrainerIn von vielen als zu lang erlebt. Die meisten Befragten äußerten in hohem Ausmaß den Wunsch nach häufigeren Präsenzphasen und forderten zusätzlich zumindest einen zusätzlichen TrainerInnentag. *(„Der Lehrer könnte schon öfters anwesend sein, weil man dadurch einfach noch mehr lernt.")* Viele wünschten sich drei Tage Anwesenheit pro Woche. Beim Präsenzunterricht ist den TeilnehmerInnen alles klar und verständlich. Unsicherheiten oder Probleme traten auf, wenn sie die Übungen selbst durchführten und beispielsweise an Grammatikaufgaben scheiterten und sich auch nicht mehr gegenseitig helfen konnten. Es wurde auch vorgeschlagen, durch zusätzliche Übungen und selbstständige Kontrollmöglichkeiten die Motivation der TeilnehmerInnen weiter zu steigern. *(„Als positiver Ansporn sollten noch mehr Übungen und Kontrollen möglich sein, damit man sicherer wird.")* Speziell bei den Jugendlichen erscheint eine intensivere persönliche Lernbetreuung eine notwendige Voraussetzung für den Lernerfolg zu sein.

TeletutorInnen

Im Laufe von TELFI wurden jeweils zwei VollzugsmitarbeiterInnen der projektbeteiligten Justizanstalten zu „TeletutorInnen" ausgebildet. Die TeletutorInnen haben im Projekt die Aufgabe, den TeilnehmerInnen unterstützend als Ansprechpersonen zur Seite zu stehen und organisatorische Aufgaben im Zusammenhang mit der Durchführung von E-Learning-Kursen zu übernehmen.

Die Rolle der TeletutorInnen wurde von den befragten KursteilnehmerInnen weitaus ambivalenter als jene der TrainerInnen wahrgenommen, wobei hier sehr stark die jeweils anstaltspezifische Handhabung eine Rolle spielen dürfte. 38% waren sehr zufrieden, 39% eher zufrieden. Dieses Ergebnis deutet einerseits darauf hin, dass externes Lehr- und Betreuungspersonal positiver angenommen wird als internes Personal. So wurde beispielsweise angesprochen, dass man die BeamtInnen ohnehin nicht so gerne häufig sehen würde und daher die fehlende Präsenz kein Problem sei. Es muss auch berücksichtigt werden, dass der Begriff „TeletutorInnen" bei den InsassInnen nicht verankert ist und 18% der Befragten daher keine Angaben machten.

Die TeletutorInnen wurden aber von KursteilnehmerInnen auch positiv bewertet, beispielsweise hinsichtlich ihrer Computerkenntnisse und ihrer Bereitschaft, etwas zu erklären. Die Rolle der TeletutorInnen scheint sich außerdem im Laufe des Projekts

gefestigt zu haben und das betrifft sowohl die Eigen- als auch die Fremdwahrneh-
mung. Einige TeletutorInnen wurden sowohl von den TeilnehmerInnen sehr positiv
bewertet als auch in der eigenen Einschätzung; sie nahmen ihre eigene Rolle als sinnvoll und durchführbar wahr.

Psychologische Begleitung

Die psychologische Begleitung hat die Aufgabe, die TeilnehmerInnen während des
Kurses zu unterstützen, wozu während der Kurslaufzeit wöchentliche Gruppen abgehalten werden. Dabei hat es sich als entscheidend herausgestellt, dass die TeilnehmerInnen einerseits Vertrauen gegenüber den Psychologinnen entwickeln und sich
andererseits ein Gruppengefüge herausbildet, in dem die TeilnehmerInnen in der
Gruppe über bestehende persönliche Probleme sprechen können. Beides ist in der
kurzen Zeit eine schwer zu bewältigende Aufgabe. Trotz dieser schwierigen Ausgangslage scheint es den Psychologinnen gelungen zu sein, von der Mehrzahl der TeilnehmerInnen als wichtiger Bestandteil des Projektes wahrgenommen zu werden.

Die psychologische Begleitung wurde von den TeilnehmerInnen sehr unterschiedlich
beurteilt. In einem Teil der beteiligten Justizanstalten wurden die begleitenden Gruppengespräche als sehr positiv und sinnvoll beurteilt, da hier Raum sei, über Probleme
zu sprechen und sich dadurch auch ein gutes Gruppenklima entwickelt habe *("Wir
haben die Möglichkeit, Fragen und Probleme anzusprechen. Es hat sich aber auch ein gutes Gruppenklima entwickelt.")*. Nur vereinzelt wurde berichtet, dass es schwierig sei, in der
Gruppe Kritik an anderen Personen zu üben, da sie mit diesen im Haftalltag weiterhin
zusammenleben müssen. In mehreren Interviews in anderen Justizanstalten kam zum
Ausdruck, dass die psychologische Begleitung anfangs als überflüssig angesehen wurde, was auch auf die Vorerfahrung mit Gruppengesprächen in Institutionen (Heime,
andere Justizanstalten) zurückgeführt werden kann. Auch Misstrauen gegenüber der
Unabhängigkeit der Betreuerinnen, prinzipielle Ablehnung einer Problemreflexion in
der Gruppe *("ich habe schon soviel Probleme gehört, ich will keine mehr hören")* und fehlende
Einsicht in die Sinnhaftigkeit der Gruppenbetreuung im Zusammenhang mit dem
Kurs *("was hat das mit dem Kurs zu tun?")* waren ausschlaggebende Aspekte. Die teilweise
vorhandene Kritik der TeilnehmerInnen an der psychologischen Begleitung ist zu
einem Großteil auf die strukturellen Gegebenheiten im Strafvollzug zurückzuführen.
Unter den Bedingungen des Strafvollzugs ist es besonders schwer, eine Atmosphäre
des Vertrauens herzustellen, die notwendig ist, damit die TeilnehmerInnen in der
Gruppe über persönliche Probleme sprechen. Auf methodischer Ebene stellten die
Psychologinnen fest, dass in der kurzen Zeit der Betreuung keine psychologische

Entwicklungsarbeit geleistet werden kann, weshalb in der Folge auf andere Konzepte zurückgegriffen und die Gruppengespräche entsprechend adaptiert wurden.

Speziell bei den Jugendlichen dürfte die Bereitschaft zu einer psychologischen Begleitung gering ausgeprägt gewesen sein, während das Angebot von den älteren InsassInnen besser angenommen wurde. Gelobt wurden das Eingehen auf einzelne Personen und die Hilfe bei Problemen. Einige wünschten sich eine häufigere Frequenz der Besuche durch Psychologinnen. Im Laufe des Projekts stiegen die Zufriedenheitswerte deutlich. Beim Lagerverwaltungskurs waren 53% sehr zufrieden, 33% eher zufrieden mit der psychologischen Begleitung. Besonders hervorgehoben wurde hier das Eingehen auf die Bedürfnisse und Wünsche der TeilnehmerInnen.

Auswirkungen auf die Haftbedingungen

Eine entscheidende organisatorische Rahmenbedingung ist die Frage nach den Auswirkungen der Kursteilnahme auf die Haftbedingungen. Einer der Grundsätze des TELFI Projektes ist, dass sich die Haftbedingungen für die InsassInnen aufgrund der Kursteilnahme nicht verschlechtern dürfen. Die InsassInnen nehmen zwar großteils kleinere finanzielle Einbußen in Kauf, da sich durch die Kursteilnahme zwar der Stundenlohn in den meisten Fällen etwas erhöht, die Stundenanzahl jedoch im Vergleich niedriger ist – ansonsten war diese Bedingung jedoch gegeben. In einer Justizanstalt kam es aufgrund organisatorischer Veränderungen durch die Kursteilnahme zu einer Haftraumverlegung und damit zu einer Verschlechterung der Haftbedingungen. In diesem Zusammenhang ist der Kurs an sich noch positiver zu bewerten, da die drei betroffenen Teilnehmer trotz dieser negativen Entwicklung den Kurs bis zum Ende besuchten und erfolgreich abschlossen. Dieser Vorfall erzeugte jedoch eine generelle Stimmung des Misstrauens und der Skepsis. Die Tatsache, dass sich für den Folgekurs keine Teilnehmer fanden, obwohl die Nachfrage vor dem ersten Durchgang noch sehr groß war, zeigt, dass sich eine negative Stimmung nicht nur auf die am Kurs Beteiligten, sondern auf die gesamte Haftpopulation auswirken kann.

PC-Grundlagen

Insgesamt haben sieben Kurse zu PC-Grundlagen in vier Anstalten mit jeweils sechs TeilnehmerInnen stattgefunden. Einer dieser Kurse wurde auf Eigeninitiative einer Justizanstalt zusätzlich angeboten. Die Dauer des Kurses betrug sechs Wochen.

Teilnahmemotivation

Als vorrangiges Motiv für die Kursteilnahme wurde die Notwendigkeit von PC-Grundkenntnissen am Arbeitsmarkt genannt bzw. auch für den Alltag mehr Kenntnisse zu bekommen. So gehören diese Kenntnisse bereits zu den basalen Kulturtechniken, über die heutzutage nahezu jede Arbeitskraft verfügen müsse, aber auch die vorhandenen Kenntnisse im Verwandtschafts- und Freundeskreis wurden angesprochen. Grundsätzlich war bei allen Befragten ein hohes Interesse an Weiterbildung zu bemerken, was meist vor dem Hintergrund zu sehen ist, dass die Häftlinge die Haftzeit nutzen wollen, um nach der Entlassung mehr Chancen für die Integration am Arbeitsmarkt zu haben. Die fehlenden Beschäftigungsmöglichkeiten in der Haft und die monotonen Tätigkeiten in den Arbeitsbereichen spielen dabei sicher eine verstärkende Rolle. Das Interesse an Weiterbildung wurde teilweise mit beruflichen Perspektiven verknüpft, wobei diese Perspektiven besonders stark bei den Frauen vorhanden waren. So nannten einige Frauen bereits konkrete Pläne für die Zukunft, die den Nachweis von PC-Kenntnissen voraussetzen; dies waren beispielsweise eine Jobzusage und eine geplante Ausbildung. Aber auch andere TeilnehmerInnen verbanden die Teilnahme an der Ausbildung mit Vorstellungen über ihre berufliche Zukunft. Ein Teilnehmer meinte, er könnte die Computerkenntnisse für einen Job in der Firma seines Vaters, ein Transportunternehmen, nutzen. Bei zwei Teilnehmern mit handwerklicher Ausbildung und einschlägiger Berufserfahrung standen auch die konkrete Anwendung bei der künftigen Berufsausübung im Vordergrund des Interesses (Eingabe von Messwerten auf der Baustelle direkt in den PC und anschließende Anfertigung des jeweiligen Werkstücks in der Werkstatt oder anschließende weiterführende Kurse, z. B. Auto-CAD).

Bei den Jugendlichen wurde neben der Notwendigkeit der PC-Kenntnisse am Arbeitsmarkt und der Kenntnisse für den privaten Gebrauch auch die Beschäftigungsmöglichkeit während der Haft genannt. Oftmals wurde hervorgehoben, dass die Kursteilnahme eine willkommene Abwechslung zum sonstigen Haftalltag darstellt – insbesondere für jene Jugendliche, bei denen die Verhandlung noch ausstehend ist und die sich in Untersuchungshaft befinden.

Kursdauer und Kursinhalte

Die Kursdauer von sechs Wochen wird tendenziell positiv beurteilt. Diese Einschätzung scheint jedoch speziell beim PC-Grundlagenkurs vom Vorwissen abhängig zu sein. Für jene, die bereits PC-Vorwissen haben, ist die Dauer ausreichend. Für jene, die ohne jegliche Vorkenntnisse an dem Kurs teilnahmen, hätte er länger dauern können.

Die Inhalte des Kurses[31] (Programme starten, Ordner erstellen, Word, Paint, Corel, Einstellungen, Innenleben des Computers) wurden von TeilnehmerInnen als verständlich bis leicht verständlich beurteilt. In den geführten Gesprächen entstand der Eindruck, dass die gelernten Inhalte von den interviewten Frauen und Männern verstanden wurden und auch selbstständig umgesetzt werden konnten. Lediglich bei den zur Verfügung gestellten Tests zur Selbstüberprüfung gab es mitunter Verständnisschwierigkeiten bzw. wurde bemängelt, dass gerade am PC immer mehrere Lösungsmöglichkeiten bestehen, aber bei den Tests nur eine Antwort zulässig ist. Gewünscht wurden außerdem die Ausweitung der Übungsbeispiele, die praxisnahe parallele Handhabung mehrerer Anwendungsprogramme und mehr Übungsmöglichkeiten mit dem Zeichenprogramm. Von einigen Befragten wurde bemängelt, dass die Internet-Übungen (inkl. E-Mail-Kommunikation) angesichts des nahenden Kursendes und der bis dahin noch zu bewältigenden Prüfungen zu kurz kämen. Gerade diese Einheiten erweckten bei einigen Befragten großes Interesse.

Das Niveau der TeilnehmerInnen war sehr unterschiedlich. Die Einschätzungen zur Verständlichkeit der Inhalte reichen von einer spürbaren Herausforderung bis zu einer deutlichen Unterforderung. Für jene TeilnehmerInnen, die bereits PC-Vorkenntnisse aufwiesen, war die erste Woche, in der das Anlegen von Ordnern, der Umgang mit Maus und Tastatur und dergleichen gelehrt wurde, eher überflüssig. Allerdings betonen diese TeilnehmerInnen auch, dass dies sehr wohl für die NeueinsteigerInnen wichtige Elemente sind und daher nicht aus dem Grundmodul entfernt werden sollten. Eine Quelle der Überforderung waren beispielsweise die Verständlichkeit von Fachausdrücken (wie etwa „Taskleiste").

Berufliche Perspektiven und Kursnutzen

Die TeilnehmerInnen sehen generell einen zweifachen Kursnutzen: Zum einen die Abwechslung zum Haftalltag und zum anderen die erlernten Inhalte. Alle TeilnehmerInnen haben das Gefühl, hier zusätzliches, nützliches Wissen erworben zu haben, das einerseits bei einer späteren Arbeitsplatzsuche, aber auch im privaten Gebrauch angewendet werden kann. Jene, die bereits über Vorkenntnisse verfügten, konnten zusätzliches Wissen, wie die Erstellung von Serienbriefen oder Formatierungen und dergleichen erwerben bzw. das vorhandene Wissen auffrischen. Die Neueinsteigerinnen waren der Meinung, nun selbstständig am PC arbeiten zu können. Insgesamt waren speziell die Frauen sehr motiviert und sich der Notwendigkeit von PC-Kenntnissen sowohl für den Arbeitsmarkt als auch für den persönlichen Gebrauch bewusst.

---

31 Verwendete Software: Computergrundlagenkurs Windows XP, Verlag Herdt

Bei einem hohen Anteil der Befragten waren die Einschätzungen zu den Chancen bei der Arbeitsplatzsuche allerdings eher pessimistisch. Für den Fall, dass eine Arbeit gefunden wird, werden die Kenntnisse von den meisten als sehr nützlich eingeschätzt. Gleichzeitig ist ihnen aber klar, dass es sich dabei nur um Grundlagen handelt und dass weitere Kurse notwendig wären, um tätigkeitsrelevante Kompetenzen zu erwerben. Einer der Teilnehmer interessierte sich für einen Auto-CAD-Kurs und einer für Sprachkurse am PC. Ein anderer Teilnehmer könnte sich die Anwendung des PC im kreativen Bereich (Musik komponieren) oder in der Textverarbeitung im Bereich Journalismus vorstellen. Inwieweit es sich dabei um Tätigkeiten handelt, die dem Kompetenzprofil des Häftlings entsprechen, müsste im Rahmen der Erarbeitung eines individuellen Förderplanes eruiert werden. Einige der interviewten TeilnehmerInnen benötigen den Nachweis über PC-Kenntnisse für ihre Pläne nach der Haftzeit, was auch dem Ansatz des im Rahmen des Projektes enthaltenen Förderkonzeptes entspricht.

Deutsch als Fremdsprache

Insgesamt haben 8 Kurse mit dem Inhalt Deutsch als Fremdsprache in 6 Anstalten mit jeweils sechs TeilnehmerInnen stattgefunden. Die Dauer des Kurses betrug 12 Wochen.

Teilnahmemotivation

Die Vorerfahrung im Umgang mit dem PC als auch die Deutschkenntnisse waren sehr breit gestreut. PC-Vorkenntnisse waren keine Teilnahmevoraussetzung. Die für den Deutschkurs notwendigen Fähigkeiten (Umgang mit der Maus, grundlegende Funktionen) wurden zu Kursbeginn vermittelt. Da die Lernsoftware in Modulen aufgebaut war, stellten die unterschiedlichen Deutschkenntnisse kein grundsätzliches Hindernis dar.

Als vorrangiges Motiv für die Teilnahme war ein starker Wille nach Integration feststellbar. Deutsch wurde als Notwendigkeit für die Bewältigung des Alltags (sowohl in der Haft als auch nach Haftende) angesehen. Bei der Mehrzahl der Befragten war dieses Motiv mit dem Wunsch verbunden, nach der Haft in Österreich zu bleiben. Bei jenen, die in Österreich bleiben möchten, wurden die Sprachkenntnisse als Voraussetzung für einen Arbeitsplatz und/oder für eine weiterführende Ausbildung bzw. Anerkennung der im Heimatland erworbenen Qualifikation gesehen. Vereinzelt wurden von TeilnehmerInnen aus EU-Beitrittskandidatenländern Deutschkenntnisse als zusätzliche Qualifikation für ihre berufliche Zukunft in ihrem Herkunftsland genannt.

Bei den Jugendlichen war die Motivation nicht so hoch wie bei den Erwachsenen, was auf das generelle Lernverhalten dieser Altersgruppe zurückzuführen ist.

Kursdauer und Kursinhalte

Die Kursdauer von 12 Wochen wurde je nach Vorkenntnissen und Ansprüchen unterschiedlich beurteilt. Bei den meisten Befragten – insbesondere bei jenen mit sehr geringen Deutschkenntnissen als auch bei jenen, die ein Diplom anstreben – war der Wunsch nach einem längeren Kurs vorhanden. Es wurde auch angesprochen, dass die Kurszeit zu kurz wäre, um ausreichende Kenntnisse über die Grammatik zu erlangen.

Die Kursinhalte des Deutschkurses umfassen laut den Befragten Grammatik, Zeiten, Vokabel, Konversation, Sprachübungen (Aussprache) und die entsprechende Lernsoftware[32] wurde großteils sehr positiv bewertet. Vor allem die Möglichkeit, die Übungen nach individuellen Bedürfnissen zu wiederholen, wurde positiv hervorgehoben.

Das Lernprogramm dürfte aufgrund des modularen Aufbaus für unterschiedliche Lernniveaus gut geeignet sein, weshalb sich die meisten weder über- noch unterfordert fühlten. Allerdings wurde öfter angemerkt, dass die deutsche Grammatik sehr umfangreich und schwer zu lernen sei.

Berufliche Perspektiven und Kursnutzen

Der Kursnutzen lag für die TeilnehmerInnen in der besseren Verständigungsmöglichkeit. Für alle Befragten – mit einer einzigen Ausnahme – hat sich die Teilnahme laut eigener Einschätzung gelohnt. Einer der Teilnehmer merkte allerdings an, dass er den Kurs nicht gemacht hätte, wenn er vorher über die damit verbundene Verlegung informiert gewesen wäre. Mit einer Ausnahme hat sich die Teilnahme laut Selbsteinschätzung bei allen gelohnt. Diese Interviewten meinten, dass sich ihre Deutschkenntnisse deutlich erweitert hätten.

Die beruflichen Perspektiven sind bei der Gruppe der fremdsprachigen HaftinsassInnen, als mehrfach Benachteiligte am Arbeitsmarkt, schwierig. Ein Teil der TeilnehmerInnen der Deutschkurse erwartet nach der Haftentlassung die Abschiebung in ihr Herkunftsland. Die Deutschkenntnisse werden in erster Linie für den Alltag und die Arbeit in der Justizanstalt benötigt, obgleich teilweise noch die Hoffnung vorhanden ist, doch noch in Österreich bleiben zu können. Aber auch bei jenen, die die Perspektive haben, in Österreich zu bleiben, sind wenige konkrete Vorstellungen über eine berufliche Zukunft vorhanden. Im Vergleich zur Gruppe der HaftinsassInnen, die an

---

32 Intensivkurs Deutsch, Verlag Digital Publishing

den PC-Grundlagenkuren teilnahmen, verfügte die Gruppe der fremdsprachigen TeilnehmerInnen über ein höheres Bildungsniveau. Eine Tatsache, die in der Förderplanung Berücksichtigung finden könnte, wenn vorhandene Ausbildungen, die in Österreich nicht anerkannt werden, in berufliche Qualifizierungsmaßnahmen integriert werden könnten.

Grafik 1: Zitate der TeilnehmerInnen

Englisch

Insgesamt haben vier Englischkurse in vier Anstalten (Gerasdorf, Josefstadt, Schwarzau und Stein) stattgefunden. Der Kurs dauerte insgesamt 10 Wochen.

Teilnahmemotivation

Die Motive der TeilnehmerInnen für die Kursteilnahme waren – abgesehen von zusätzlichen Englischkenntnissen – vor allem die Nutzung des Computers (100%) und die Beschäftigungsmöglichkeit während der Haft (84%). Die Anwendung der Kenntnisse im Beruf (32%) spielte eine untergeordnete Rolle, während sich viele TeilnehmerInnen (79%) von der Kursteilnahme eine Verbesserung der beruflichen Chancen erhofften.

Kursdauer und Kursinhalte

Die gesamte Kursdauer wurde von knapp einem Drittel der Befragten als ausreichend angesehen, mehr als die Hälfte wünschte sich einen längeren Kurs. Die Kursdauer pro Tag wurde von 68% als optimal beurteilt.

Mit dem Lernprogramm[33] waren alle Befragten sehr oder eher zufrieden, wobei die schriftlichen Unterlagen (Unterrichtsmappe) zur Unterstützung als notwendig erachtet wurden. Einzelne TeilnehmerInnen fühlten sich durch die Länge des Kurses und den hohen Anteil an selbständigen Lernphasen überfordert. Andere TeilnehmerInnen empfanden eine Unterforderung, da sie die Lernmappe und die CD-ROMs in kurzer Zeit durchgearbeitet hatten.

Berufliche Perspektiven und Kursnutzen

Die Bereitschaft zur Weiterbildung ist sehr hoch und 90% der Befragten würden weitere Kurse besuchen. Die gewünschten Inhalte waren vor allem EDV und Fremdsprachen.

Die Gesamtbewertung der Englischkurse fällt positiv aus. 68% der Befragten stimmten der Aussage „Es hat sich sicher gelohnt, teilzunehmen" zu, für 32% hat es sich „eher gelohnt". Als Verbesserungsvorschläge wurden genannt: bessere Organisation zur Vermeidung von Wartezeiten und ein häufigerer Besuch der TrainerInnen.

---

33 Multimedia CBT Basic 1-3, Verlag Bertelsmann; ergänzende Software von Schulungszentrum Fohnsdorf

Lagerverwaltung

Im Jahr 2004 wurden neun Kurse mit dem Inhalt Lagerverwaltung abgehalten, wobei in allen der sechs beteiligten Anstalten zumindest ein Kurs stattfand. Die Dauer des Lagerwirtschaftskurses erstreckte sich über sechs Wochen. Zusätzlich zum Lagerverwaltungskurs wurde ein Staplerschein angeboten.[34] In der Justizanstalt Schwarzau wurde im Anschluss an Lagerverwaltung und Staplerschein[35] ein Bürokurs durchgeführt.

Teilnahmemotivation

Der Lagerverwaltungskurs stellt im Rahmen des TELFI-Projekts insofern eine Besonderheit dar, als dieser Kursinhalt im Vergleich zu den anderen Kursen am direktesten auf eine Beschäftigungsmöglichkeit nach der Haft abzielt. Dies drückte sich auch in den Motiven der KursteilnehmerInnen für die Teilnahme aus. 97,8% gaben als Motiv für die Teilnahme eine „Verbesserung der beruflichen Chancen" an. 42% meinten, die Kenntnisse im Beruf verwenden zu können. Die Nutzung des Computers (26,7%) und die Beschäftigungsmöglichkeit während der Haft (22,2%) spielten als Motive zur Kursteilnahme eine untergeordnete Rolle.

Kursdauer und Kursinhalte

Die gesamte Kursdauer wurde von zwei Drittel der Befragten als ausreichend angesehen, etwa ein Drittel wünschte sich einen längeren Kurs. Die Kursdauer pro Tag wurde von 80% als optimal beurteilt.

Als wichtigste Inhalte wurden das Lagerwirtschaftsprogramm und Excel genannt. Vom Schwierigkeitsgrad dürfte der Lagerwirtschaftskurs im Vergleich zu den anderen Kursen etwas anstrengender gewesen sein. Nur 24% gaben an, dass die Inhalte sehr leicht verständlich waren, für 60% waren die Inhalte eher leicht verständlich und für 16% eher schwer.

Mit dem Lernprogramm[36] war die Mehrheit (knapp 90%) zufrieden. Vereinzelt fühlten sich TeilnehmerInnen unterfordert bzw. überfordert. Einige hatten Probleme, sich im Programm zurecht zu finden. Die Bürokurs-Software[37] (Schwarzau) wurde von eini-

---

34 Verwendete Software: Eigenentwicklung des Instituts für Softwaretechnik der TU Wien im Rahmen des Projekts TELFI
35 Staplerschein = österreichischer Ausdruck für Gabelstaplerführerschein
36 Software Lagerverwaltung, Schulungszentrum Fohnsdorf
37 ECDL-Module, bit-media

gen als unflexibel bewertet, da nur eine richtige Lösung akzeptiert würde. Die schriftlichen Unterlagen wurden als sehr wichtig empfunden.

Berufliche Perspektiven und Kursnutzen

Die Erwartungen beim Lagerverwaltungskurs, das Gelernte auch anwenden zu können, sind sehr hoch. 67% erwarten sich, dass ihnen die erfolgreiche Kursteilnahme bei der Arbeitssuche hilfreich sein wird. 64% meinten, die Inhalte im Beruf (vor allem Lagerarbeit und Spedition) umsetzen zu können. Diese Ergebnisse illustrieren die Hoffnungen, die mit Weiterbildungsmaßnahmen für HaftinsassInnen verbunden sind. Hier wäre es notwendig, mit realistischen Einschätzungen und, darauf aufbauend, mit zusätzlichem Weiterbildungsangebot zu reagieren.

Die Bereitschaft zur Weiterbildung kommt auch darin zum Ausdruck, dass 87% der Befragten weitere Kurse besuchen würden. Die genannten Inhalte waren hauptsächlich PC und Fremdsprachen.

Die Gesamtbewertung der Lagerverwaltungskurse fällt sehr positiv aus. 80% der Befragten stimmten der Aussage „Es hat sich sicher gelohnt, teilzunehmen" zu, wobei die Bewertungen anstaltsspezifisch stark differieren und diese Angaben von 17% bis 100% reichen. Als Verbesserungsvorschläge wurden genannt: Bessere EDV, mehr Zugang ins Internet, mehr Kursangebote, häufigerer Besuch von TrainerInnen und PsychologInnen.

Fazit

Insgesamt kann den bisher durchgeführten Kursen im Rahmen des Projekts TELFI eine positive Wirkung bescheinigt werden. Die befragten TeilnehmerInnen weisen eine erhebliche Motivation zur Weiterbildung auf und zeigen eine große Bereitschaft zur Teilnahme an zusätzlichen Kursen. Der Bedarf an Aus- und Fortbildung ist in hohem Maße gegeben.

Blended Learning (integriertes Lernen) – wie es im Projekt TELFI zur Anwendung kommt – ist eine Lernform, die die Vorteile von Telelernen mit den Vorteilen von Präsenzlernen verbindet. Die Gruppe der HaftinsassInnen weist zu einem hohen Prozentsatz negative Lernerfahrungen auf, die eine negative Wirkung auf die Lernbereitschaft haben. Der Aufbau von Motivation ist daher ein grundlegender Bestandteil von erfolgreichen Qualifizierungsmaßnahmen im Strafvollzug. Im Telelernen ist prinzipiell die Möglichkeit verankert, auf individuelle Lernbedürfnisse einzugehen, wobei die entsprechende Begleitung nicht vernachlässigt werden darf. Seitens der befragten TeilnehmerInnen wurde in starkem Maße mehr Präsenzunterricht gewünscht. Speziell bei den Jugendlichen erscheint eine intensivere persönliche Lernbetreuung eine notwendige Voraussetzung für den Lernerfolg zu sein.

Für eine Weiterentwicklung der Aus- und Fortbildung der HaftinsassInnen und damit einer nachhaltigen Wirkung des Projekts TELFI wird entscheidend sein, was von den in der Projektlaufzeit aufgebauten Ressourcen und Erfahrungen weiter genutzt und verwertet wird. Aufgabe der Begleitforschung ist es, den Projektverlauf und die damit verbundenen Aktivitäten zu dokumentieren, zu analysieren und zu evaluieren. Auf dieser Grundlage sollen Schlussfolgerungen über den Projektablauf, über Rahmenbedingungen, Ergebnisse und Nutzen auf individueller und institutioneller Ebene angestellt und für die Zukunft nutzbar gemacht werden.

Literatur

Adam, J.; Doleschell, H.; Eher R.; Fuchs, S.; Gratz, W.; Huber, E.; Kahl, W.; Kriebaum, W.; Kuhn, C.; Lehner, J.; Minkendorfer, N.; Mörwald, G.; Strak, N.; Timm, C. (2003). Strafvollzug in Österreich. URL: www.fbz-strafvollzug.at (03.05.2005).

Goffman, E. (1973). Asyle. Über die soziale Situation psychiatrischer Patienten und anderer Insassen. Frankf./M: Suhrkamp.

Grafl, C.; Gratz, W.; Höpfel, F.; Hovorka, C.; Pilgram, A.; Schroll, H.; Soyer, R. (2004). Kriminalpolitische Initiative. Mehr Sicherheit durch weniger Haft! URL: www.fbz-strafvollzug.at (03.05.2005).

Hammerschick, W. (2003): Das Projekt „Telelernen für HaftinsassInnen" – Schritte auf neuen Wegen in Österreich. Zeitschrift Bewährungshilfe – Soziales, Strafrecht, Kriminalpolitik, Heft 4.

Hammerschick, W.; Pilgram, A.; Riesenfelder, A. (1997). Zur Position Gefangener/ Entlassener auf dem österreichischen Arbeitsmarkt. Veränderungen durch die Strafvollzugsnovelle 1993. Teilbericht 5B: Zu den Erwerbsbiografien und Verurteilungskarrieren Strafgefangener und Strafentlassener. Forschungsbericht des Instituts für Rechts- und Kriminalsoziologie, Wien.

Hammerschick, W.; Lechner, F.; Pilgram A.; Riesenfelder, A. (1999). Berufliche und kriminelle Karrieren. Die Rolle von Strafvollzug und AMS bei der Rehabilitation von Strafgefangenen. AMS (Arbeitsmarktservice) info 21.

5   Computerkurse im Frauenstrafvollzug – ein Schlüssel zu neuen Lernerfahrungen und Berufsaussichten

Sonja Förg

Zusammenfassung

In diesem Artikel werden die Ergebnisse einer e-LiS-Fallstudie dargestellt, in der die Wirkungen von E-Learning-Kursen im Frauenstrafvollzug untersucht wurden. Hierzu wurden lernbiographisch orientierte Interviews mit 11 Frauen aus 6 verschiedenen Haftanstalten ausgewertet. Es zeigt sich, dass die Kurse den Frauen nicht nur positive Lernerlebnisse vermitteln und Sinnstifter in der oftmals schwer erträglichen Haftzeit sind – auch in beruflicher Hinsicht können Veränderungen beobachtet werden; das Berufsfeld der Frauen erweitert sich, die (berufsbezogene) Selbstwirksamkeit der Frauen erhöht sich. Des Weiteren können Veränderungen auf der Leistungs- und Motivationsebene festgestellt werden. Außerdem erweist sich der Computerkurs als Vermittler von Schlüsselkompetenzen. Die Ergebnisse lassen somit den Schluss zu, dass ein Computerkurs weit über den Erwerb von Wissen hinaus für Frauen im Strafvollzug eine wichtige Funktion im Hinblick auf die berufliche und soziale Integration nach der Entlassung erfüllt.

Ausgangslage

Die hier vorgestellte Untersuchung hat das Ziel, Daten zu den Effekten eines E-Learning-Kurses auf individueller Ebene vorzulegen. Die dargestellten Ergebnisse entstammen dem Evaluationsbericht IV – Fallstudie Aufgabenfeld Frauen (Förg und Schnetter, 2005). Die zugrundeliegende Untersuchung wurde im September/Oktober 2004 als Teil der Gesamtevaluation des Projektes „e-Learning im Strafvollzug" (e-LiS) durchgeführt. Im Mittelpunkt dieser Fallstudie standen inhaftierte Frauen, die an einem Computerkurs im Rahmen von e-LiS teilgenommen haben. Wir beschränken uns in diesem Artikel auf die Darstellung der Lernergebnisse. Dabei geht es uns nicht um objektiv messbare Daten, die etwa im Rahmen eines Leistungstests erhoben werden können, sondern um Einstellungen und Verhaltensweisen aus Sicht der Teilnehmerinnen.

Als Befragungsmethode wählten wir die Form des qualitativen, offenen, halbstrukturierten Interviews, weil sich mit diesem „problemzentrierten Interview" (Flick, 1991; Lamnek, 1988) spezielle Situationen, Ereignisse und Entwicklungen erfassen lassen. Ein freies Antworten der Befragten ist möglich, woraus möglicherweise neue Gesichtspunkte entwickelt werden können.

Durchführung und Auswertungsmethoden

Es wurden insgesamt zwölf Teilnehmerinnen befragt – je zwei aus den Justizvollzugsanstalten Berlin, Bremen-Oslebshausen, Bützow, Hamburg-Hanöfersand, Lübeck und Luckau. Die Befragten hatten den Computerkurs bereits beendet oder standen kurz davor und hatten sich außerdem freiwillig zu dem Interview bereit erklärt. Die leitfadengestützten Interviews dauerten zwischen 40 und 65 Minuten. Alle Gespräche wurden digital aufgezeichnet und anschließend transkribiert. Ein Interview floss nicht in die Analyse mit ein, da die Befragte psychisch gestört erschien und das Interview nicht auswertbar war. Die restlichen Interviews wurden einer qualitativen Inhaltsanalyse nach Mayring (2000) unterzogen; zu viel Interpretation wurde dabei vermieden, da die Auswertung sehr nah am Text bleiben sollte. Im Ergebnisteil werden Themenbereiche, die von mehreren Teilnehmerinnen genannt wurden, vergleichend dargestellt. Alle dabei verwendeten Namen sind frei erfunden. Die Ergebnisse werden durch vielfältige Zitate der Interviewten belegt, um Bezug zum Ausgangsmaterial herzustellen. Zitate sind durch Kursivschrift kenntlich gemacht, grammatikalische Ungereimtheiten und Dialekte wurden zugunsten der Lesbarkeit vorsichtig korrigiert. Der Textverweis (Lena, Z. 465) bedeutet z. B., dass das Zitat im Interview mit Lena in Zeile 465 zu finden ist.

Ergebnisse

Soziodemographische Daten und Erwerbsverlauf

Die befragten Frauen sind zum Zeitpunkt des Interviews zwischen 22 und 50 Jahre alt. Mit Ausnahme von zwei Frauen (Polin, Tunesierin) haben alle die deutsche Staatsangehörigkeit. Eine Frau ist türkischer Herkunft, hat aber einen deutschen Pass. Mit Ausnahme von einer verheirateten Frau, sind alle entweder geschieden oder leben in einer festen Partnerschaft. Sieben Frauen haben Kinder. Abgesehen von zwei Frauen haben alle einen abgeschlossenen Schulabschluss [fünf Realschule, zwei Hauptschule, eine Gymnasium, eine Fachhochschule (in Polen)]. Dennoch kennzeichnen fehlende

Ausbildungsabschlüsse, ungelernte Tätigkeiten und Diskontinuität die Erwerbsverläufe. Die Hauptbildungs- und Erwerbshemmnisse sind: Schwangerschaft, Kindererziehung, fehlende Unterstützung seitens der Eltern, schlechte Ausbildungssituation und Sucht.

Teilnahmemotive

Im Hinblick auf die Ergebnisse von E-Learning-Kursen im Strafvollzug stellt sich zunächst die Frage, was sich die Frauen von der Teilnahme versprechen. Die Frauen nennen drei unterschiedliche Motive:

• **Verbesserte Arbeitsmarktschancen:** Am häufigsten versprechen sich die Frauen durch die Teilnahme an dem Kurs bessere Chancen auf dem Arbeitsmarkt. Ein Teil erhofft sich davon Vorteile beim Absolvieren einer Schul- oder Berufsausbildung oder im künftigen Beruf. Ein kleiner Teil sieht in dem Kurs eine Art Ausbildungsersatz. Im Großen und Ganzen lässt sich festhalten, dass ein Großteil der Frauen versucht, durch den Kurs Bildung nachzuholen.

• **Medienkompetenz:** Für viele Frauen stellt der Computerkurs eine Gelegenheit dar, Anschluss an eine gesellschaftliche Entwicklung zu finden, die ihnen aus verschiedenen Gründen bisher verwehrt war. Der Computer hat mittlerweile überall Einzug gehalten und spielt auch in vielen Familien eine wichtige Rolle. Endlich mitreden und mitmachen können – das ist es, was die Frauen sich von dem Computerkurs erhoffen. Eine Frau meint etwa: *„Meine Eltern haben einen Computer, mein kleiner Bruder sitzt den ganzen Tag am Computer und da wäre das schon peinlich, wenn ich da sitze und habe da keine Ahnung."* (Lena, Z. 404).

• **Sinnvolle Beschäftigung:** Für vier Frauen bedeutet der Computerkurs eine Möglichkeit, die Haftzeit sinnvoll zu nutzen. Sie wollen sich der intellektuellen Herausforderung eines Computerkurses stellen, anstatt die Zeit totzuschlagen oder monotone Gefängnistätigkeiten wie Wäsche waschen oder Fabrikarbeit zu verrichten. *„Und wenn ich jetzt nach so vielen Jahren hier rausgehe, dann habe ich gar nichts gemacht, und dann war ja die Zeit umsonst. Und dann habe ich eben gedacht, du musst was machen."* (Güler, Z. 17).

Was lernen die Frauen in den Kursen? Wie eingangs erwähnt, beschränken wir uns auf die Einstellungs- und Verhaltensebene.

Einstellung zum Lernen

Mehr als die Hälfte der Frauen gab an, im Kurs zum ersten Mal (wieder) positive Lernerlebnisse gehabt zu haben. Lernen mache wieder Spaß und somit sei der Wille zum Lernen wieder da, so die Aussage. Das sei von daher wichtig, weil Spaß die wichtigste Voraussetzung für das Aufnehmen und Behalten von Lerninhalten sei.

Woraus erwuchs dieser neu gewonnene Spaß am Lernen? Die Ergebnisse aus den Interviews legen nahe, dass die DozentIn und die Art und Weise, wie sie/er den Lernstoff vermittelt eine wichtige Rolle spielen: *„Also wir haben auch viel Spaß mit ihr, das ist nicht so, dass nur alles hier ernst ist und dass es wie in der Schule früher war, dass man leise sein musste [...] also ich finde, das Lernen mit Frau [...] macht Spaß.“* (Lena, Z. 153) Über eine entspannte, lernerfreundliche Unterrichtsatmosphäre werden positive Emotionen frei, welche eine positive Einstellung zum Lernen hervorrufen und dadurch das Lernen fördern. Positive Kompetenzerfahrungen werden außerdem für die neu erwachte Lust am Lernen verantwortlich gemacht: *„Selbst schwierige Sachen konnte ich mir merken“* (Lara, Z. 228). Eine herausragende Bedeutung kommt dem Computer zu, der verantwortlich gemacht wird für die positiven Lernerlebnisse. Belege für den neu gewonnenen Spaß am Lernen gibt es viele: Nina zum Beispiel lernt sogar in ihrer Freizeit auf der Zelle.[38] Außerdem wird der Sinn des Lernens wieder gesehen: *„Man weiß wenigstens, man lernt, was man draußen noch gebrauchen könnte“* (Nina, Z. 170); *„man lernt für das Leben“* (Güler, Z. 300). Im Einzelnen lassen sich die folgenden Faktoren zusammenfassen:

- **Respektvoller Umgang:** Einige Teilnehmerinnen erleben die menschliche und respektvolle Art ihrer DozentInnen als lern- und motivationsfördernd. Viele Frauen haben im Strafvollzug den Eindruck, dass sie wie Menschen zweiter Klasse behandelt werden – dass die DozentInnen sich davon löblich abheben, trägt zu einer positiven Unterrichts- und Lernatmosphäre bei. Für einige war dies letztendlich der ausschlaggebende Grund, dass sie mit dem Kurs weitergemacht haben.

- **Freundschaftliches Verhältnis:** Das Verhältnis zu den Lehrenden erleben die Frauen als freundschaftlich, was ebenfalls zu einem entspannten Lernklima beiträgt. Für viele Frauen ist diese Art des Lehrer-Schüler-Verhältnisses neu, wie sich ihren Aussagen entnehmen lässt. Die Frauen bewerten außerdem positiv, dass die Dozentinnen über die reine Unterrichtszeit hinaus wichtige Bezugspersonen für sie darstellen, die ihnen bei persönlichen Problemen mit Rat und Tat zur Seite stehen.

---

38 vgl. Nina, Z. 302

- **Zuhören:** Einen lernförderlichen Beitrag leistet eine Kommunikationskultur im Unterricht, gerade weil einige Frauen die Erfahrung gemacht haben, dass sie im Strafvollzug wenig Gehör finden. Zwei Frauen betonen diesen Aspekt.

- **Geduld und Verständnis:** Drei Teilnehmerinnen heben Geduld und Nervenstärke der Lehrkräfte hervor.

Daneben machen die Teilnehmerinnen die folgenden didaktischen Faktoren mit dafür verantwortlich, dass sie eine positive Einstellung zum Lernen gewonnen haben:

- **Zielsetzung („Goal setting"):** Einige Teilnehmerinnen heben die Wichtigkeit von Lernzielen hervor. Eine Teilnehmerin etwa brach den ersten Kurs ab, weil er *„zu unregelmäßig [...] und wir konnten ein Stück weit machen, was wir wollten [...] Nee, das hat keinen Spaß gemacht."* (Lena, Z. 38) Eine Teilnehmerin betont die Wichtigkeit eines konkreten Zieles wie der Abschlussprüfung; sie sollte allerdings zeitlich gestaffelt sein, also in überschaubare Teilziele zerlegt werden, damit auch lernschwache Teilnehmerinnen Erfolgserlebnisse haben können.

- **Selbstbestimmtes Lernen:** Alle Teilnehmerinnen sind davon überzeugt, dass ein autonomes und selbstverantwortliches Arbeiten am Computer einen wichtigen lernförderlichen Faktor darstellt, der außerdem Spaß macht – vorausgesetzt diese Art des Lernens ist gut in den Unterricht integriert, wird also von der Lehrkraft vor- und nachbereitet. Dabei schätzen sie insbesondere das Lernen frei von Angst, Druck und Vorschriften: *„weil du nicht irgendwelche anderen Leute damit belastest – die das vielleicht gar nicht interessiert."* (Sabine, Z. 257); *„weil ich auch mal Zeit gehabt habe für mich. Keiner konnte sagen, du musst es so machen, du musst es so machen. Die haben einfach gesagt, ihr könnt so lernen, wie ihr wollt."* (Güler, Z. 35). Ein wesentlicher Bestandteil des selbstgesteuerten Lernens ist in einigen Kursen das computerbasierte Lernen mittels Lernsoftware oder sogar das netzgestützte Lernen. Einige Frauen sehen die Vorteile dieser Lernmethode darin, dass sie ihren Lernfortschritt selbstständig überwachen können, (*„Ich verbessere mich immer wieder [lacht]"* (Nina, Z. 52)), Rückmeldung auf ihr Tun bekommen, den Lernstoff jederzeit selbständig auffrischen (*„So kann man wenigstens immer wieder neu drauf gucken, wie's funktioniert"*) und so oft wiederholen können, wie sie möchten (*„wiederholt man dann immer [...] bis man das auch drin hat"* (Nina, Z. 204)).

- **Individuelle Lerntempi:** Vier Teilnehmerinnen (Lena, Güler, Tamara, Marion) heben positiv hervor, dass sie am Computer in ihrem eigenen Lerntempo lernen können. Sie begründen den positiven Lerneffekt damit, dass so die individuelle unterschiedliche Auffassungsgabe berücksichtigt werde, die von unterschiedlichen Faktoren, wie etwa der Tagesverfassung, abhängt.

- **Direkte Anwendung:** Außerdem machen die Teilnehmerinnen mit dem Lernen am Computer positive Erfahrungen, weil sie das Gelernte *„direkt in die Tat umsetzen"* (Marion, Z. 405) können. *„Also, wenn ich das zuhause lesen würde, würde ich es nicht begreifen, weil es einfach nur Theorie war, aber so konnte ich sagen, da hast du einen PC direkt vor dir stehen, probiere es einfach aus."* Sichtbare Lernergebnisse und ein konkreter Anwendungsbezug im alltäglichen Leben motivieren zusätzlich und fördern eine positive Lernhaltung: *„Früher konnte ich überhaupt nicht, ich wusste nicht, was eine Internetadresse ist und wie soll ich da was finden? Und jetzt z. B. wenn ich irgendwohin fahren will, eine Verbindung suche, gehe ich ins Internet und schaue auf den Stadtplan, suche mir die Verbindung raus und weiß gleich alles. Und auch im polnischen Internet, wenn ich irgendetwas suche [...] jetzt kann ich alles finden, was ich will. Und früher habe ich gedacht, mein Gott, schwarze Magie. Ich wusste nicht, wie man in das Internet geht, z. B. neue Musik aus Polen, Nachrichten, alles, das ja [...] habe einen Brief geschrieben, eine schöne Postkarte gemacht für meine Kinder..."* (Tamara, Z. 292).

- **Berücksichtigung individueller Lernzugänge:** Einige Teilnehmerinnen machen positive Lernerfahrungen, weil die Dozentin die individuellen Lernzugänge der Teilnehmerinnen berücksichtigt: *„das gibt einen Antrieb, ganz schön [...] ich hatte das Gefühl, dass Frau [...], dass die jeden einzelnen speziell behandelt hat, je nachdem so wie er halt – was er halt brauchte. Bei mir hatte sie gemerkt, ich lerne sehr schnell und dann hat sie mich auch anderweitig gefördert, als wie einer, der nicht so schnell lernt, der es schwieriger hat."* (Lara, Z. 208).

- **Sprachliche Ebene:** Vier Teilnehmerinnen (Beate, Lena, Marion, Ute) gefällt am Unterricht, dass die Dozentin die Inhalte sehr anschaulich und praxisnah vermittelt. Die *„Art und Weise, wie sie uns das beibringt [...] ausschlaggebend; dass sie es uns auch so erklärt, dass wir es verstehen."* (Lena, Z. 279).

- **Lerneraktivierung:** Einigen Frauen gefällt am Unterricht, dass die/der Dozent(in) das Vorwissen der Lerner aktiviert: *„Sie arbeitet das mit uns zusammen durch, sie stellt sich nicht da hin und stellt blöde Fragen, die wir nicht wissen, sondern liest ein Stück aus dem Text vor und fragt uns dann, was wir uns darunter vorstellen, wie das funktionieren könnte, oder wie man das machen könnte und da tüftelt man dann zusammen rum. Das ist schon interessant."* (Nicole, Z. 145).

Selbstbewusstsein und Selbstwertgefühl

Die befragten Frauen haben zum Großteil kein sehr ausgeprägtes Selbstwertgefühl, was unter anderem ihrer Biographie[39] geschuldet ist. Nicht zu unterschätzen ist außerdem die psychische Last der Haftstrafe und des Delikts.

Mit Ausnahme von zwei Frauen berichten alle Teilnehmerinnen, dass ihnen der Kurs zu mehr Selbstbewusstsein verholfen hat. Die Frauen sind stolz darauf, etwas geschafft zu haben und ziehen daraus neue Kraft für die Zukunft. Die Abschlussprüfungen und das Zertifikat sind dabei sehr wichtige Elemente. Außerdem spielen Durchhalten und Lernerfolg sowie die Anerkennung der Angehörigen eine Rolle.

- **Wertschätzung:** Drei Frauen (Lara, Claudia und Ute) berichten, dass der Kurs „ihre Persönlichkeit aufgebaut" hat. Woraus speist sich das neue Selbstbewusstsein? Eine Teilnehmerin meint: *„Der Kurs hat mich aufgebaut, du kannst doch noch was Vernünftiges machen. Zuerst habe ich alles abgehakt. Der Kurs hat mich aus einer beengten Situation rausgeholt. Ich hatte mich aufgrund des Urteils aufgegeben. Ich wurde autoaggressiv, ich wollte nicht Ich sein. Ich habe mich viel damit auseinandergesetzt und habe durch den Kurs meine eigene Persönlichkeit gefunden."* (Claudia, Z. 392). Sie hat Probleme, ihr Delikt zu verarbeiten, schöpft aus dem Kurs Kraft, fühlt sich nicht mehr so nutzlos wie vorher. Utes neues Selbstbewusstsein speist sich aus der Erfahrung, dass sie doch noch etwas durchhalten kann und Lernerfolge verbuchen kann: *„dass ich doch imstande bin, etwas durchzustehen und was zu schaffen. Das habe ich gelernt. Ich hätte es nicht gedacht, weil das mit der Schule, das liegt schon so lange zurück und Lernen war nie meine Stärke. Aber ich habe gemerkt, dass mein Gehirn noch nicht ganz verkalkt ist – (lacht) – dass da was ist."* (Ute, Z. 505). Dass sie bisher eher wenig von sich und ihrem Können gehalten hat, deutet sie hier an: *„Ja, ich habe eine Friseurlehre fertig gemacht und habe als Friseurin zwei Jahre gearbeitet und habe dann mein erstes Kind bekommen. Ja, und das ist das, was ich in meinem Leben eigentlich geschafft habe."* (Ute, Z. 5). Lara gibt Auftrieb, dass sie leicht und schnell lernt und ihren Wissensdurst stillen kann. Das erscheint plausibel, da sie unter anderem als Beweggrund für die Teilnahme an dem Kurs angab, dass sie etwas für den Kopf tun will. Eine andere Teilnehmerin meint, dass sie stolz darauf sei, dass sie ihr schriftliches Deutsch so verbessern konnte und ihre Diktate an die Wand hängt, um ihren Lernfortschritt für sich selbst zu dokumentieren.[40] Auch Nicole macht eine neue Lernerfahrung, die ihr vermutlich Auftrieb gibt: *„dass es [der Umgang mit neuen Medien] eigentlich nicht schwer ist, sondern ziemlich einfach"* (Nicole,

---

39 Näheres zu dem biographischen Verlauf der elf Teilnehmerinnen findet sich im Evaluationsbericht IV (Förg und Schnetter, 2005).

40 Vgl. Nina, Z. 343

Z. 139); an anderer Stelle meint sie: *„man hätte mich draußen nicht an Power Point ran bekommen, wie einfach das ist, so etwas zu erstellen, kann eigentlich jeder."* (Nicole, Z. 379).

- **Soziale Anerkennung:** Güler und Tamara nennen noch einen weiteren Grund, der ihnen zu mehr Selbstbewusstsein verhilft: die – lange ersehnte – Anerkennung von Familienangehörigen. Für viele ist diese Erfahrung neu und sehr wichtig, gerade weil sie in der Vergangenheit Probleme mit ihren Eltern hatten oder sich die Eltern wegen der Straftat von ihnen abgewandt haben. Daneben waren gerade die Frauen mit Kindern zum Großteil vorher auf Hausarbeit und Kindererziehung reduziert. Die Welt der neuen Medien blieb ihnen bisher verschlossen.

Eine Teilnehmerin führt das näher aus: *„Also meine Eltern sind sehr stolz auf mich. Und ich habe am Anfang meiner Haft überhaupt keinen Kontakt zu meinen Eltern gehabt. Jetzt habe ich seit fast drei Jahren Kontakt und nach den Prüfungen, nachdem ich es geschafft hatte, habe ich sofort bei meinen Eltern angerufen, und am Wochenende war ich dort und die sind stolz auf mich."* (Güler, Z. 251). Wie auch Güler berichtet Tamara, dass ihre Familie stolz auf ihre Leistung und das Abschlusszertifikat sei: *„Ich bin stolz auf Dich. Und wenn Du PC-Führerschein bekommst, och Mama...!"* (Tamara, Z. 343). Insbesondere ihr halbwüchsiger Sohn hat großen Respekt vor seiner „Mama", gerade weil er um deren Leistung weiß: auch er lernt zur Zeit den Umgang mit dem Computer.

- **Zertifikat und Prüfungen:** Erfolgreich abgelegte Prüfungen und das Zertifikat stärken bei fünf Frauen das Selbstbewusstsein (Güler, Beate, Tamara, Ute, Nicole). Offizielle Prüfungen mit anerkannten Zertifikaten gibt es nur in drei Haftanstalten. Dort können Prüfungen zum Europäischen Computerführerschein (ECDL) abgelegt werden. In einer weiteren Haftanstalt erstellt die Dozentin eine Abschlussprüfung und vergibt ein Zertifikat. Insofern sind es fünf von acht Frauen, die einen Selbstbewusstseinsschub von den Zertifikaten und erfolgreich abgelegten Prüfungen bekommen.

Güler ist stolz darauf, dass sie ihre Prüfungsangst überwunden und die Prüfungen allesamt erfolgreich abgelegt hat. Auch Beate bescheren die erfolgreich bestandenen Prüfungen und das Zertifikat Erfolgserlebnisse: *„Für mich war es schon ein Erfolg. Dadurch, dass ich eingestiegen war ohne Kenntnis drum herum hatte, und dann jetzt dieses Zertifikat, also es war schon ein richtiger Erfolg für mich. Das überhaupt erreicht zu haben. Alleine schon durch die Prüfung. So manches Mal hatte ich gedacht, ich verhaue sie, ich falle durch, aber letzten Endes habe ich sie alle bestanden, beim ersten Mal gleich und dadurch noch ein größerer Erfolg für mich."* (Beate, Z. 269). Für Ute spielt das Zertifikat eine ganz besondere Rolle – das sei *„wie eine Urkunde"* (Ute, Z. 485). Nicole meint, es wäre ein tolles

Gefühl, wenn man eine Eins schreibt und betont, wie stolz sie auf ihr Zertifikat sei.[41]

Zwei Frauen ziehen zusätzliches Selbstbewusstsein aus den erschwerten Umständen, unter denen sie die Prüfungen geschafft haben. So meint Güler: *„und [das] gerade in der Haftzeit!"* (Güler, Z. 250). Tamara macht es stolz, dass sie die Prüfungen in einer fremden Sprache geschafft hat – und dass obwohl ihr Deutsch zu Beginn des Kurses ihren Aussagen nach sehr schlecht war.[42]

„Eintrittskarte" in ein neues Leben

Drei Frauen (Güler, Nina, Ute) sprechen davon, dass der Kurs bei ihnen große Veränderungen ausgelöst hat: sie wollen ihr Leben selbstbewusst und selbstbestimmt in die eigene Hand nehmen. Für sie symbolisiert der Kurs eine Art „Eintrittskarte" in ein neues Leben, ein „Schritt in die richtige Richtung", nach dem Motto „wenn nicht jetzt, wann dann?" Für Güler bedeutet das konkret die Emanzipation von ihrem Elternhaus. Sie musste sich stets dem Willen ihres Vaters fügen: er zwangsverheiratete sie in der Türkei und zwang sie zum Abbruch ihrer Lehre, nachdem sie durch die Abschlussprüfung gefallen war. Deshalb markieren Kurs und Prüfungen für sie einen Weg in die Unabhängigkeit von ihrem autoritären Vater. Sie ist vor allem stolz darauf, dass sie den Kurs alleine geschafft hat, ohne Hilfe von anderen: *„Dann ist es meins, und nicht das von einem anderen. Und keiner kann sagen, du hast es durch mich erreicht, was du jetzt erreicht hast. Da kann ich sagen, stimmt nicht, das ist mein Verdienst."* (Güler, Z. 258). Tamara, eine Frau, die sich hauptsächlich um ihre Familie gekümmert hatte, will nicht mehr weiter machen wie bisher und ihr Leben zukünftig selbstbestimmter gestalten: *„Ich denke nicht mehr an das, was ich früher gemacht habe, sondern es hat mir Hoffnung gegeben – wie soll ich sagen, mein Leben war so gerade, das und das habe ich gemacht, und ich dachte immer, ich muss das machen, das ist so normal und so muss ich leben. Jetzt sind mir die Augen geöffnet. Und jetzt hoffe ich, mein Leben geht in eine andere Richtung."* (Tamara, Z. 423). An anderer Stelle betont sie, dass sie in Zukunft mehr an sich denken will: *„Ich habe nie Zeit gehabt früher, obwohl wir immer einen Computer zuhause hatten... okay, ich habe Karten gespielt...Alles, was ich jetzt mache, mache ich für mich selber, kann ich selber entscheiden. Das ist ein großer Unterschied [...] bisher hatten wir zwar einen Computer zu Hause, aber nur Kinder haben sich damit beschäftigt."* (Tamara, Z. 370) Auch für Ute ist der Kurs ein weiterer Schritt für ein Leben jenseits der Drogen. Nach dem Kurs wird sie eine Entziehungskur machen. Sie konnte sich jetzt schon beweisen, dass sie doch noch etwas „draufhat", mehr kann als Drogen

---

41 Vgl. Nicole, Z. 345 und Z. 247
42 Vgl. Tamara, Z. 37

nehmen. *„Das kommt darauf an, was man machen möchte. Ob man sein Leben gestalten möchte. Ob man weitermachen möchte, wie bisher oder ob man in seinem Leben doch noch etwas erreichen möchte."* (Ute, Z. 490).

(Berufsbezogene) Selbstwirksamkeit

Die Frauen sind sich der schlechten Arbeitsmarktlage bewusst und schätzen ihre Chancen auf einen Arbeitsplatz mit ihren Voraussetzungen – sprunghafte Biographie, keine Ausbildung, kaum Berufserfahrung, frauenspezifische Berufe mit schlechter Perspektive, Alter, Haftstrafe – eher gering ein. Die Selbstwirksamkeitserwartung (Bandura, 1977), d. h. die Überzeugung, die Ereignisse, die das eigene Leben betreffen, in die gewünschte Richtung beeinflussen zu können, ist ein elementarer Faktor in der beruflichen Laufbahn. So gibt es einen Zusammenhang zu Berufsinteressen, Berufswahlen, Lernintensität; bei „benachteiligten" Personengruppen wie Frauen ist die Selbstwirksamkeit schwächer ausgebildet (Hackett, 1997).

Der Kurs konnte bei einem Teil der Frauen die Selbstwirksamkeit stärken. Was genau hat sich bei den Frauen getan?

- **Positive Sicht der beruflichen Zukunft:** Vier Frauen sind durch den Kurs ermutigt, dass sie nach der Haft einen Arbeitsplatz finden werden und mobilisieren entsprechende Ressourcen, um dieses Ziel zu erreichen. Diese Einschätzung der Wirksamkeit der eigenen Handlungen mündet darin, dass sie sich so schnell wie möglich bewerben wollen. Zwei Frauen rechnen sich durch den Kurs *„mehr Chancen aus, einen Arbeitsplatz zu finden."* Güler z. B. baut auf das Zertifikat als Eintrittskarte in das Berufsleben. Tamara meint, *„für mich liegt die Zukunft im PC-Führerschein"* und hofft, dass ihr die im Kurs erworbenen Deutschkenntnisse bei der Arbeitssuche nützen. Vermutlich hätte sie ohne den Kurs nie so gut Deutsch gelernt. Claudia verspricht sich einen Vorteil bei ihrer geplanten Umschulung zur Bürokauffrau.

- **Positive Erwartung in Bezug auf eine Ausbildung:** Auch die Einstellung in Bezug auf die Bewältigung einer schulischen Ausbildung hat sich bei einigen Frauen verändert. So traut sich zum Beispiel Nina nun zu, dass sie den Schulabschluss schafft – trotz jahrelanger Drogensucht, Kindererziehung und Bildungsdefiziten; hauptsächlich deswegen, weil sie ihre Deutschkenntnisse mit Hilfe von Lernprogrammen verbessern konnte:

  „Hängt mit dem Computerkurs zusammen. Weil da habe ich mehr Chancen, dass ich den Abschluss schaffe. Gerade mit Rechtschreibung. In der Schule war ich in Rechtschreibung ziemlich schlecht. Und durch Frau [...] habe ich – doch – viel gelernt. [...]

Das sehe ich jetzt schon nach einem Monat. Wenn ich ein Diktat schreibe – am An-
fang hatte ich bei hundert Wörtern vielleicht dreißig falsch – jetzt bin ich auf vier oder
fünf Fehlern. "(Nina, Z. 193)

Erweiterung des Berufsspektrums

Wiederum eng verknüpft mit der Selbstwirksamkeit sind Berufsinteressen und Be-
rufswahl. Überzeugungen über die Wirksamkeit der eigenen Handlungen schränken
die Anzahl der Möglichkeiten ein, die in Betracht gezogen werden. Je größer die Überzeugung, Anforderungen in Ausbildung und Beruf gerecht zu werden, umso vielfälti-
gere Optionen werden in die berufliche Laufbahn einbezogen. Der Kurs hat bei allen
Teilnehmerinnen neue Berufsperspektiven eröffnet – abgesehen von zwei Frauen, von
denen eine beruflich bereits mit dem PC arbeitete und eine vor der Haft eine Umschulung zur Bürokauffrau beantragt hatte.

Stellvertretend für die Frauen, denen sich durch den Kurs neue Berufsperspektiven
eröffnet haben, sei hier eine Teilnehmerin zitiert: *„Dass es überhaupt so etwas gibt, dass*
man acht Stunden am Computer arbeiten kann. So etwas kannte ich vorher eigentlich auch nicht."
(Nicole, Z. 198). Sie meint weiter: *„Ja, man macht sich so Gedanken, wenn man rauskommt,*
was man dann arbeiten möchte, und dann bezieht man das doch schon sehr mit ein. Dass man da
vielleicht doch in die Computerrichtung gehen will. Das macht man doch schon [...] Berufe, die man
vorher so ausgeschlagen hat, nein, nie im Leben, bezieht man dann doch sehr mit ein."

Lara und Lena sind durch den Kurs auf die Idee gekommen, eine Ausbildung zu machen, in welcher der Computer eine wichtige Rolle spielt. Lena interessiert sich für den
Beruf der Dateninformatikerin, Lara für den der Mediengestalterin. Auch Ute erweitert ihr persönliches Spektrum an beruflichen Möglichkeiten um die der Büroarbeit:
„An das Büro habe ich sonst nie gedacht. Weil das für mich so – oder als Anwaltsgehilfin würde mir
auch gefallen. Ist schon interessant." (Ute, Z. 542).

Güler begeisterte sich schon vorher für Computer, bezieht ihn aber erst seit dem Kurs
in ihre beruflichen Möglichkeiten ein: *„möchte auf jeden Fall etwas mit EDV machen."* Tamara hofft auf „bessere Arbeit", bei der man mehr Geld verdienen kann und möchte
nicht mehr als Schneiderin, im Hotel oder in der Gastronomie arbeiten. Durch ihre
neu erworbenen Fertigkeiten in Excel z. B. könnte sie in der Buchhaltung der Firma
ihres Bruders arbeiten, meint sie.

Engagement, Ausdauer und Leistung

Eng verknüpft mit der Erwartung der Wirksamkeit der eigenen Handlungen sind Engagement, Ausdauer und Leistung. Der Kurs und das Lernen am Computer wecken
bei einem Teil der Frauen (lange) brach liegende Ambitionen und Interessen. Daraus

ergeben sich zum Teil konkrete Verhaltensabsichten. Davon berichtet ein Teil der Frauen zum einen in Bezug auf den Kurs: Sie bringen Energie auf, um die eigenen Kenntnisse zu erweitern oder Abschlussprüfungen erfolgreich abzulegen. Zum anderen werden die Frauen von den positiven Lernerfahrungen im Kurs motiviert, eine Ausbildung zu absolvieren.

- **Im Rahmen des Kurses:** Einige Frauen setzten sich hohe Lernziele für den Kurs. Nina z. B. konkret in Deutsch: *„Ich will auf Null kommen [bei den Diktaten]"* (Nina, Z. 350). Güler berichtet, dass sie durch den Kurs Durchhaltevermögen und Ehrgeiz bekommen hat. Lena hat einen regelrechten Motivationsschub, der sich in ehrgeizigen Zielen für die Abschlussarbeit äußert: *„Ja, ich habe meine Maßstäbe ganz hoch gesetzt. Ich möchte die Abschlussarbeit mit einer Eins abschließen – auf jeden Fall. Die Zwischenprüfung habe ich mit Zwei abgeschlossen, da hätte mir ein Punkt gefehlt, um eine Eins zu schreiben."* (Lena, Z. 376). Wie motiviert sie ist, zeigt außerdem die Tatsache, dass sie ihre Haftzeit um ein paar Tage verlängert, um die Abschlussprüfung mitzuschreiben.

- **Im Hinblick auf einen Schul- oder Berufsabschluss:** Ein Teil der Frauen richtet seine neuen Ambitionen auf einen Schulabschluss oder eine Berufsausbildung. Fast alle interviewten Frauen haben einen Ausbildungsknick in ihrer Biographie. Oftmals fehlte den Frauen später die Motivation, eine Schul- oder eine Berufsausbildung nachzuholen. Durch den Kurs und die dort gemachten positiven Erfahrungen sind die Frauen erstmals wieder motiviert, einen Schulabschluss nachzuholen und eine Ausbildung in Angriff zu nehmen. Die Frauen berichten von einer nachhaltigen Lernmotivation. Einige denken daran, eine verpatzte Prüfung zu wiederholen, wie z. B. Güler, die in Erwähnung zieht, die Abschlussprüfung zur Arzthelferin nachzuholen. Drei Frauen (Nina, Lara und Lena) wollen einen Schulabschluss und/oder eine Ausbildung absolvieren, was wie folgt begründet wird: *„Ja, dass das Lernen Spaß machen kann. Mir gibt es den Ansporn, dass ich meinen Schulabschluss nachhole, dass ich wirklich sage, jetzt kann ich wieder – will ich etwas machen."* (Lena, Z. 260). Weiter meint sie: *„Das Maßgebende ist, dass es Spaß macht. Ich kann dann besser lernen und das besser aufnehmen. Wenn das keinen Spaß macht, dann würde ich sagen – dann würde ich zwar mitschreiben und mitmachen, aber es würde nicht im Kopf bleiben."* (Lena, Z. 271).

Schlüsselqualifikationen

Einige Teilnehmerinnen berichten über ein verändertes Verhalten im Umgang miteinander und über eine offenere Einstellung gegenüber Neuem. Die Beschäftigung mit einem Medium, das ihnen bisher fremd und dem sie eher ängstlich gegenüber eingestellt waren, scheint die Bereitschaft zu fördern, sich in Zukunft mit neuen Themen und Technologien auseinander zu setzen, womit eine wichtige Basis für das heutige Berufsleben gelegt wäre. Außerdem gibt es Anhaltspunkte dafür, dass sich in einem Computerkurs auch Kompetenzen wie Team-, Konflikt- und Problemlösefähigkeit trainieren lassen.

- **Flexibilität:** Einige Befunde sprechen dafür, dass das Lernen am Computer die Einstellung gegenüber Neuem verändert. So geben einige Teilnehmerinnen geben, dass sie durch den Kurs gelernt hätten, sich *„auf etwas Neues einzulassen"* (z. B. Nicole, Z. 324). Einige Frauen hatten vorher Hemmungen, sich mit den Neue Medien zu befassen: *„Ich habe immer eher das Gefühl gehabt, am Computer eher nicht so. Ich habe damit nicht so viel Erfahrung gehabt und habe mich damit nicht so beschäftigt, sondern eher so mit Menschen, also komplett andere Bereiche. Aber dann haben wir hier angefangen die einzelnen Programme, Excel und so, das hat dann Spaß gemacht, damit habe ich nicht gerechnet."* (Nicole, Z. 3).

Obwohl nicht in direktem Zusammenhang zu Lernen mit Neuen Medien erscheinen einige weitere Befunde im Bereich der Schlüsselqualifikationen erwähnenswert. Weitere Untersuchungen müssten die Frage klären, welche Rolle der Computer hierbei gespielt hat.

- **Problemlösefähigkeit:** Güler berichtet, dass sie erst im Kurs gelernt hätte, Hilfe von anderen anzunehmen und über Probleme zu sprechen: *„Die sagen auch, ihr müsst drüber sprechen, wenn Euch etwas bedrückt, müsst ihr das sofort sagen. Und wenn ihr etwas nicht versteht, ob das im Kurs ist oder im Familienbereich oder im Anstaltbereich, dann könnt ihr auch, dann könnt ihr auch uns fragen. Also wir versuchen Euch zu helfen. Und früher habe ich diese Hilfe nie angenommen, aber jetzt nehme ich sie an, weil dann geht es mir innerlich auch gut."* (Güler, Z. 305). Hier lässt sich vermuten, dass der Computer als „fehlertolerant" Medium die Bereitschaft fördert, sich intensiver mit einem Problem auseinander zu setzen.

- **Teamfähigkeit:** Außerdem gibt es Anhaltspunkte dafür, dass das gegenseitige Helfen bei Problemen mit dem Computer das soziale Miteinander stärkt. *„Wir haben uns auch viel .. wir haben uns auch zusammengesetzt und haben das geübt mit einigen, die das wirklich nicht konnten."* (Nicole, Z. 237).

- **Konfliktlösefähigkeit:** Des Weiteren berichten drei Teilnehmerinnen, dass sie gelernt hätten, Konflikte mit ihren Mitmenschen besser zu lösen. So meint Nina, dass sie seitdem mit anderen besser klar kommt: *„Bin ruhiger geworden [...] habe eigentlich immer alle angestänkert, da wundere ich mich selber immer, was Frau ... [die Dozentin] bloß hat, dass ich keine Sch... hier baue."* (Nina, Z. 429). Hier wird deutlich, wie wichtig der/die Dozent/in als Betreuungsperson ist. Zur Verdeutlichung seien zwei sehr aussagekräftige Zitate von Güler angeführt: *„Also was sich verändert hat ist, dass ich gegenüber meinen Freunden ganz anders bin. Ich bin ruhiger geworden, da ich nicht mehr so empfindlich bin [...] was ich eben gelernt habe ist, dass man sich beherrschen muss. Wenn was ist, dass man einfach überlegt."* (Güler, Z. 305); *„Wenn z. B. etwas vorgefallen ist, zwei sich streiten z. B., da sagen die z. B., warum sagt ihr uns nicht Bescheid, dass wir uns zu dritt zusammen setzen. [...] Früher war es mir auch egal gewesen, aber jetzt will ich es auch haben, dass ich mich mit demjenigen hinsetze und spreche und nicht so hinterm Rücken. Und das habe ich hier auch gelernt. Das finde ich auch gut."* (Güler, Z. 317).

Nicht zuletzt empfinden alle Befragten den Kurs als Bewältigungshilfe für den Alltag im Strafvollzug. Er verleiht der Haft Sinn und gibt dem Tagesablauf eine feste Struktur. Die Haftzeit ist für viele unerträglich und der Kurs stellt oftmals eines der wenigen positiven Erlebnisse dar – vor allem, da es für Frauen in den Haftanstalten kaum (Bildungs-)Angebote gibt. Die Frauen haben die Einstellung: an dem, was passiert ist, können sie nichts ändern, aber die Zeit in der Haftanstalt wollen sie wenigstens gewinnbringend nutzen. Die *„eigene Welt"* (Nicole, Z. 154) des Kurses mit festen Zeiten und klaren Zielen gibt den Frauen die Möglichkeit den persönlichen Sorgen und Nöten zu entfliehen. Hierzu noch abschließend zwei Zitate: *„Zu 60 % ist die Haftzeit gut. Das mache ich an Kurs und Arbeit fest."* (Lara, Z. 373); *„Also, ich sag mal so, wäre der Kurs nicht, dann wäre das hier unerträglich."* (Lena, Z. 396).

Zusammenfassung und Diskussion

Die Ergebnisse dieser Fallstudie lassen den Schluss zu, dass ein Computerkurs weit über den Erwerb von Wissen hinaus für – meist bildungsschwache – Frauen im Strafvollzug eine wichtige Funktion erfüllt. Zunächst lässt sich festhalten, dass sich Computerkurse für Frauen im Strafvollzug sehr gut dazu eignen, um Hemmschwellen zu neuen Technologien abzubauen. Einstellungs- und Verhaltensänderungen können auf der Leistungs- und Motivationsebene ausgemacht werden; neue Lernerfahrungen revidieren alte Einstellungen und münden in konkrete Verhaltensabsichten, wie das Absolvieren weiterer Prüfungen, das Nachholen eines Schul- oder Ausbildungsabschlusses oder das intensive Suchen eines Arbeitsplatzes. Einstellungsänderungen gibt es daneben auch auf der beruflicher Ebene. Dominieren bei den meisten Frauen bislang eher eingefahrene, wenig zukunftsträchtige Berufswünsche und -verläufe die Sichtweise, eröffnet der Kurs hier neue Horizonte. Daneben gibt es Anhaltspunkte dafür, dass sich in einem Computerkurs auch Kompetenzen wie Konfliktfähigkeit,

Problemlösefähigkeit, Flexibilität und Teamfähigkeit trainieren lassen, allerdings fehlen hierzu noch gesicherte Erkenntnisse.

Insgesamt lässt sich festhalten, dass der/dem Dozentin/en beim E-Learning eine wichtige Rolle zukommt. Weitere quantitative Studien sind nötig, um die Erkenntnisse empirisch abzusichern. Inwieweit der Computer die Motivation der Lernenden erhöhen kann, beleuchtet Schnetter in Kapitel 2.

Literatur

Bandura, A. (1977). Self-Efficacy: Toward a unifying theory of behavioral change. Psycholgical Review, 84, 91-215.

Flick, U.; Kardorff, E. v.; Keupp, H.; von Rosenstiel, L.; Wolff, S. (Hrsg.) (1991). Handbuch Qualitativer Sozialforschung – Grundlagen, Konzepte, Methoden und Anwendungen. München: Psychologie Verlags Union (2. Auflage 1995).

Förg, S.; Schnetter, K. (2005). Evaluationsbericht IV – Fallstudie Aufgabenfeld Frauen. Internes Arbeitspapier des IBI – Institut für Bildung in der Informationsgesellschaft.

Hackett, G.; Betz, N. A. (1981). Self-efficacy approach to the career development of women. Journal of Vocational Behavior, 18, 3, 326-39.

Lamnek, S. (1988). Qualitative Sozialforschung. Methodologie. Bd. 1. München: Psychologie Verlags Union.

Mayring, P. (2000). Qualitative Inhaltsanalyse. Grundlagen und Techniken. Weinheim: Deutscher Studien Verlag.

6 Formen der Betreuung beim selbstgesteuerten Lernen – Eine Fallstudie in der Jugendstrafanstalt Berlin

Birgit Lang – Karoline Schnetter

Zusammenfassung

Gegenstand der Fallstudie war die Frage, wie intensiv die Betreuung während einer Schulung sein muss, um möglichst gute Lernergebnisse zu erhalten. Acht Auszubildende der Jugendstrafanstalt Berlin absolvierten eine vierwöchige Word-Schulung. Diese sollte mit Hilfe einer Bildungssoftware selbstgesteuert am PC in der Werkstatt durchgeführt werden. Zwei verschiedene Betreuungsvarianten durch Lerncoaches wurden getestet: eine persönliche Betreuung versus eine virtuelle Betreuung über einen One-To-One-Chat. Die Betreuung fand pro Teilnehmer halbstündig einmal pro Woche statt.

Die Fragestellung wurde in zwei Hypothesen überführt und anhand einer experimentellen Untersuchung überprüft. Innerhalb dieser wurden umfangreiche Daten von den Auszubildenden und den Lerncoaches erhoben. Die statistischen Analysen bestätigten die erste Hypothese nicht: Motivation und Leistung in den beiden Gruppen mit verschiedenartiger Betreuung unterschieden sich nicht. Unsere zweite Hypothese, dass die Art des Kontaktes zwischen Auszubildendem und Lerncoach mit Motivation und Leistung der Teilnehmer zusammenhängt, konnte bestätigt werden.

Die Fallstudie führt auf der Grundlage der Erfahrungen von Lerncoaches und Auszubildenden zu dem Schluss, dass eine virtuelle Betreuung über einen Chat für die Zielgruppe nicht ausreichend ist. Es werden verschiedene Empfehlungen diskutiert, wie E-Learning in Zukunft sinnvoll eingesetzt werden kann.

Die Rahmenbedingungen

Das Teilprojekt 5 des e-LiS-Projektes wurde von der Jugendstrafanstalt Berlin (JSA Berlin) und dem Berufsfortbildungswerk Berlin (bfw) durchgeführt, um die Lern- und Berufschancen von jugendlichen Strafgefangenen mit Hilfe des Computers zu verbessern.

Die Zielgruppen

Die jungen Männer im Alter zwischen 17 und 21 Jahren haben in der Regel eine mehrmonatige, zum Teil auch mehrjährige Haftstrafe abzuleisten. Sie unterliegen, sofern sie die gesetzlichen Bedingungen erfüllen, aus erzieherischen Gründen der „Arbeitspflicht". Dies meint im Jugendstrafvollzug in erster Linie Bildung und Ausbildung. Die Angebote hierzu werden in anstaltseigenen Werk- und Ausbildungsbetrieben sowie in der internen Schulabteilung realisiert.

Die Schullaufbahn der jugendlichen Insassen war häufig von Misserfolgen geprägt: Nicht selten mussten sie mehrmals die Schule wechseln oder verließen die Schule ohne Abschluss (20%). Die Allgemeinbildung der Gefangenen ist infolgedessen als defizitär zu bewerten. So zeigen auch die Ergebnisse der Schultests bei vielen inhaftierten Jugendlichen – auch deutscher Herkunft – unter anderem eine eingeschränkte sprachliche Ausdrucksfähigkeit und mangelhafte Kenntnisse der deutschen Rechtschreibung. Erfahrungsgemäß sind die Gefangenen zumeist lernungeübt und verfügen über eine sehr geringe Frustrationstoleranz. Sie besitzen eine deutlich eingeschränkte Konzentrationsfähigkeit und wenig soziale Kompetenzen, wie z. B. Kommunikationsfähigkeit.

Bei der Arbeit mit diesen Lerngruppen kommt – bedingt durch die unterschiedliche Länge der Haft – eine hohe Fluktuation erschwerend hinzu. Die bereits verstrichene bzw. noch abzuleistende Haftzeit des einzelnen Gefangenen wirkt sich dabei direkt auf seine Lernmotivation aus.

Das Projektangebot e-LiS ist im Rahmen des allgemein- und berufsbildenden Unterrichts angesiedelt. Die computergestützten Kurse werden entweder ausschließlich von den DozentInnen des bfw Berlin durchgeführt (z. B. IT-Grundbildung) oder im Team mit den internen LehrerInnen und externen BerufsschullehrerInnen (z. B. Erprobung von computergestützter Didaktik im Fachunterricht). Die Teilnahme an der IT-Grundbildung ist für die Insassen in der Regel freiwillig. Solche Bildungsangebote werden somit von den Häftlingen nicht als zusätzlicher Schulunterricht verstanden, sondern in erster Linie als attraktive Freizeitangebote, als Möglichkeit zur Kommunikation und als Ablenkung vom Haftalltag.

Zum Zeitpunkt der Fallstudie lag der Schwerpunkt der Projektarbeit auf dem berufsbildenden Unterricht. Die Auszubildenden aus den Werkstätten Tischlerei, Schlosserei, Malerei und Sanitär sollten eine IT-Grundlagenschulung erhalten. Außerdem wurden IT-Curricula für den fachlichen Berufsschulunterricht erarbeitet. Im Rahmen dieser Curricula entwickelten die DozentInnen des bfw Berlin computerbasierte Projekte für den Fachunterricht, in denen die Auszubildenden Inhalte zu den verschiedenen Lernfeldern mit Hilfe des Computers recherchieren, präsentieren und als

Lernmaterial aufbereiten können. Außerdem entstanden Unterrichtsvorschläge für die Office-Programme Windows, Word, Excel und Power Point, die auf die unterschiedlichen Fachrichtungen zugeschnitten sind.

Das pädagogische Konzept

Inhaltlich zielt das pädagogische Konzept des Teilprojektes 5 in der JSA Berlin darauf ab, grundlegende IT-Kenntnisse zu vermitteln und bestehende Bildungsangebote bei Bedarf durch den Einsatz Neuer Medien qualitativ anzureichern. Im Teilprojekt 5 wurden Konzepte zur Weiterbildung der Lehrenden in Jugendstrafanstalten entwickelt und bestehende Unterrichtsmethoden nach eingehender Prüfung durch den Einsatz Neuer Medien ergänzt.

Daneben ist es ein Ziel, die jugendlichen Strafgefangenen durch Neue Medien bei der Auseinandersetzung mit der eigenen Biografie zu unterstützen und die Alltagskompetenz, insbesondere eine adäquate Kommunikation mit z. B. Behörden oder zukünftigen ArbeitgeberInnen, zu verbessern. Im Mittelpunkt der Arbeit stehen die Vermittlung von Medienkompetenz und sozialer Kompetenz sowie die Vermittlung von Strategien zum lebenslangen selbstständigen Lernen. Insgesamt sollen die Gefangenen am Wandel der Gesellschaft hin zu einer Informationsgesellschaft besser teilhaben können.

Den inhaltlichen Schwerpunkten wird auch didaktisch-methodisch Rechnung getragen. Die DozentInnen des bfw verfolgen in der JSA Berlin einen handlungsorientierten Ansatz. Das Konzept der Handlungsorientierung impliziert, dass außer fachlichem Wissen auch soziale Fähigkeiten im selbstständigen Lernprozess erworben werden. Methodisch basiert dieser Ansatz auf Lernaufgaben und Projekten, in denen Theorie und Praxis miteinander verbunden werden. Um erfolgreiches Lernen sicherzustellen, werden im Unterricht vor allem Selbstständigkeit und Teamfähigkeit gefördert, d. h. der Lernende wird zum Selbstlernen aufgefordert und somit zum „Forscher" in eigener Sache. Schritt für Schritt übernehmen die jugendlichen Strafgefangenen somit mehr Verantwortung für ihren eigenen Lernerfolg, sie bewältigen immer anspruchsvollere Aufgaben und lernen, ihre Fähigkeiten und Fertigkeiten besser einzuschätzen und produktiv einzusetzen, um so dauerhafte Lernkompetenzen aufzubauen.

Außerdem wird die Bereitschaft, mit anderen zusammen zu arbeiten, zu kommunizieren und zu reflektieren, herausgefordert. Ein wichtiger Aspekt ist dabei der Situationsbezug bzw. die Lebensweltorientierung. Diese Arbeitsweise bietet eine hohe Anschlussfähigkeit für die Lernenden und Lehrenden, da Themenstellungen immer einen Bezug zu dem Erfahrungsraum der Insassen haben sollten. Somit kann eine Identifizierung als wichtigste Voraussetzung für Lernen sichergestellt werden.

Der Lehrende versteht sich in diesem didaktisch-methodischen Zusammenhang weniger als Wissensvermittler, sondern vielmehr als Moderator, Coach und Lernberater.

Das Computernetzwerk

Für die Umsetzung des Teilprojektes 5 wurden in der Jugendstrafanstalt insgesamt 14 Workstations, ein DozentInnen-PC und ein Server angeschafft. Alle Computer waren zum Zeitpunkt der Fallstudie miteinander vernetzt. Die Kommunikation läuft allerdings nur sternförmig über den DozentInnen-PC bzw. den Server. Die Schüler an den einzelnen Workstations können aus Sicherheitsgründen keinen Kontakt zueinander aufnehmen. Die PCs im Netzwerk verfügen über das Office-Paket von Microsoft, das Studio MX von Dreamweaver und ca. 40 verschiedene Lernprogramme, die den schulischen Unterricht und die betriebliche Ausbildung ergänzen. 10 Workstations stehen zusammen mit dem DozentInnen-PC im Computerraum der Schulabteilung und vier weitere Workstations sind dezentral in den vier beteiligten Werkstätten bzw. Ausbildungsbetrieben aufgestellt.

Die Fragestellung der Fallstudie

Ein wichtiger Meilenstein der bundesweiten Entwicklungspartnerschaft e-LiS ist die Entstehung einer Lernplattform. Diese Lernplattform stellt als ein Service-Dienst den teilnehmenden Gefangenen in den beteiligten Justizvollzugsanstalten Informationen und Bildungsinhalte über eine gesicherte Internetverbindung zur Verfügung. Die Lernplattform ermöglicht eine Verschiebung von lehrerzentrierten hin zu lernerzentrierten, lernaktiven, orts- und zeitunabhängigen Ausbildungsformen.

Vor diesem Hintergrund haben sich MitarbeiterInnen des bfw Berlin bzw. der JSA Berlin und des IBI überlegt, wie die Betreuung von jugendlichen Strafgefangenen bei dieser Variante von selbstgesteuertem E-Learning aussehen und wie intensiv sich der Kontakt zwischen TrainerIn und Lerner gestalten muss, um möglichst gute Lernergebnisse zu erzielen.

Da die innerhalb von e-LiS entwickelte Lernplattform zum Zeitpunkt der Durchführung dieser Fallstudie in der JSA Berlin nicht implementiert war, wurde eine technische Lösung innerhalb des bestehenden Computernetzwerkes realisiert, die lokal einige Möglichkeiten der zukünftigen Lernplattform nachbildet. So erfolgte die Kommunikation zwischen dem Rechner der Lerncoaches und den dezentralen Workstations in den Werkstätten über die Didaktiksoftware „Master Eye", die es den Lehrenden u. a. ermöglicht, Nachrichten an einzelne PCs zu senden, einen Chat zu initiieren oder die Software auf dem anderen PC fernzusteuern.

Der Stand der Forschung

Das Thema E-Learning wird in der empirischen pädagogisch-psychologischen Forschung unter dem inhaltlichen Schwerpunkt „computervermittelte Kommunikation" untersucht. Zu diesem Thema gibt es eine Reihe von sozialpsychologischen Theorien und Untersuchungen, in der Regel mit dem englischen Ausdruck Computer Mediated Communication (CMC) umschrieben. Der CMC wird die so genannte Face-To-Face-Kommunikation (FTF) gegenübergestellt. So werden konventionelle Lernsettings mit innovativen E-Learning-Angeboten verglichen. Einige ausgewählte Theorien und Studien sollen an dieser Stelle vorgestellt werden.

Eine weit verbreitete Theorie ist das Konzept der „sozialen Präsenz" (Short et al., 1976), das Kommunikationsmedien danach unterscheidet, inwieweit sie in der Lage sind, sozial-emotionale Signale zu übermitteln und somit den Kommunizierenden das Gefühl geben, dass der andere „präsent" ist. Nach dieser Theorie erleben die KommunikationspartnerInnen eine Kommunikation umso unpersönlicher, je weniger menschliche Sinne (vor allem Gesichts-, und Hörsinn) ihnen zur Verfügung stehen. Diese theoretischen Annahmen wurden in verschiedenen Studien belegt.

Studien, die sich speziell mit der Kommunikation im Unterricht oder in Lernsituationen beschäftigen, konnten nachweisen, dass die erlebte „soziale Präsenz" eng mit der Zufriedenheit der KursteilnehmerInnen zusammenhängt: Die Lernenden sind umso zufriedener, je stärker sie „soziale Präsenz" erleben können. Untersucht werden dabei allerdings meist Online-Kurse mit elektronischen Diskussionsforen[43]. Diese werden häufig bei E-Learning-Angeboten eingesetzt, erscheinen aber für unsere Zielgruppe der jugendlichen Strafgefangenen wenig passend, da Lernende dafür über eine gute schriftliche Ausdrucksfähigkeit verfügen müssten.

In einer Studie der „University of Central Florida" (Dziuban und Moskal, 2001) wurden deutliche Unterschiede zwischen Face-To-Face-Kursen, reinen Online-Kursen und gemischten Kursen festgestellt, wobei die gemischten Kurse am besten abschnitten (gemessen an der Zufriedenheit der Beteiligten und den Abbruchquoten). Da Wahl und Besuch der Kurse in dieser Studie freiwillig waren, sind unsere Rahmenbedingungen damit nicht vergleichbar: für die jugendlichen Strafgefangenen herrscht „Arbeitspflicht", d. h. sie müssen an Bildungs- bzw. Ausbildungsmaßnahmen teilnehmen.

---

43 Aus Sicherheitsgründen waren zum Zeitpunkt der Fallstudie keine offenen, internetgestützten Diskussionsforen in der JSA möglich.

Eine zweite Theorie (die Theorie der Adaption; Walther, 1992) wurde in einer deutschen Studie untersucht und ebenfalls bestätigt (Schweizer, Paechter und Weidenmann, 2001). Die Theorie geht davon aus, dass sich Menschen an die jeweilige Kommunikationsform anpassen; in ausschließlich text-basierten Kommunikationsmedien wie Diskussionsforen oder Chats behilft man sich mit so genannten „Emoticons", wie etwa ;-) für ein freundliches Augenzwinkern, um Non-Verbales wie Mimik oder Tonfall auszudrücken. Die Theorie von Walther besagt auch, dass der Informationsaustausch mit CMC (Computer Mediated Communication) nicht nur langsamer verläuft als bei FTF (Face-To-Face-Kommunikation), sondern vor allem am Anfang aufgabenbezogener.

An der Universität der Bundeswehr München wurden Studierende in einem Online-Seminar zufällig auf verschiedene Lerngruppen aufgeteilt. Jede Gruppe konnte Fragen zum online angebotenen Lernmaterial per E-Mail stellen, erhielt aber Antworten der Dozentin auf unterschiedlichem Weg: Eine Gruppe erhielt „normale" E-Mails (schriftliche Information), die zweite Gruppe E-Mails plus Bilder der Dozentin, die dritte Gruppe erhielt sowohl „normale" E-Mails wie auch „gesprochene" (so genannte „Voice Mails"), die vierte Gruppe schließlich Text-Mails, Voice-Mails und Bilder der Dozentin. Das Ergebnis: Studierende, die in der Gruppe mit der geringsten „sozialen Präsenz" waren, schrieben ihre E-Mails in einem anderen Stil: Sie verwendeten deutlich mehr „Emoticons" und ihre Inhalte waren stärker auf die Aufgaben des Online-Seminars bezogen.

In einem Experiment von Sallnäs (2002) mussten jeweils zwei Studierende gemeinsam eine Aufgabe lösen. Manche Studierende konnten dazu per Videokonferenz miteinander kommunizieren, manche telefonieren, andere chatten. Untersucht wurde die Fragestellung, wie sich die verschiedenen Kommunikationswege auf das Lösen der Aufgabe auswirkten.

Die Studentenpaare, die ihre Aufgabe mittels Video-Konferenz (also Telefonieren plus Bild) oder Telefonieren lösten, unterschieden sich nicht voneinander; die Paare, die einen Chat zur Kommunikation nutzten, schnitten im Vergleich dazu mit ihren Lösungen deutlich schlechter ab: Ihre Dialoge waren kürzer und die Studierenden brauchten am längsten, um zu einer gemeinsamen Entscheidung zu kommen. Zusätzlich fühlten sie weniger „soziale Präsenz" als die anderen. Die Autorin der Studie nimmt an, dass das Zeigen und gegenseitige Wahrnehmen von Emotionen eine wichtige Rolle beim gemeinsamen Lösen von Aufgaben spielt. Im Chat kann man Emotionen des anderen weniger gut einschätzen und eigene Emotionen weniger gut ausdrücken.

Eine weitere Studie (Bos, 2002) untersuchte den besonderen Aspekt des Vertrauens: Würde eine Gruppenaufgabe, die gegenseitiges Vertrauen erfordert (ein Spiel mit einem sozialen Dilemma), unterschiedlich ausfallen, wenn die TeilnehmerInnen sich direkt gegenübersitzen, per Videokonferenz kommunizieren, telefonieren oder chatten? Auch hier zeigte sich, wie benachteiligt die Chatter gegenüber den anderen Gruppen waren: Zum einen wurde das Vertrauen langsamer aufgebaut und zum anderen konnte es schneller erschüttert werden. Der Autor schlussfolgert, dass es günstiger ist, virtuelle Kommunikationswege mit so genannten „Rich Media" zu gestalten – Kommunikationsmedien, bei denen die Stimme und das Gesicht der anderen gehört bzw. gesehen werden kann.

Versuchsdesign der Fallstudie

Der Blick in die Forschungsliteratur zeigte, dass es eine Untersuchung ähnlich der von uns bislang nicht gibt: Eine Feldstudie über E-Learning, welche die Bedingungen der Praxis berücksichtigt, aber auch einen strengen experimentellen Ablauf hat. Ein wissenschaftlich kontrollierter Ablauf (ein Experiment) ermöglicht es, konkrete Fragestellungen klar zu beantworten. Die Fragestellungen werden als Hypothesen formuliert und durch die Ergebnisse bestätigt oder verworfen. Während der Recherche fiel auch auf, dass die meisten veröffentlichten Studien E-Learning-Angebote für Studierende untersuchen – Studien mit Lernbenachteiligten fanden wir nicht.

In der vorliegenden Studie sollten zwei Betreuungsarten miteinander verglichen werden: eine persönliche Betreuung (Face-To-Face) und eine virtuelle Betreuung per One-To-One-Chat über den Computer. Im Mittelpunkt des untersuchten E-Learning-Angebots, das die DozentInnen des bfw Berlin auf die Zielgruppe zugeschnitten konzipierten, steht eine Word-Schulung. Diese wurde von den DozentInnen selbst erstellt (in MS Power Point) und orientierte sich inhaltlich an den ECDL-relevanten Inhalten für dieses Office-Programm. Die Schulungsinhalte wurden auf vier Lernkapitel verteilt, die Länge der Schulung auf vier Wochen festgelegt. Das Material war als Selbstlernmaterial mit theoretischem Input und praktischen Übungen konzipiert. Zur Unterstützung der Lernenden war eine individuelle wöchentliche Betreuung durch Lerncoaches geplant.

Wie reagieren die jugendlichen Strafgefangenen auf diese verschiedenen E-Learning-Angebote? Wie sehr und worin unterscheiden sich zwei Gruppen, wenn Teilnehmer der einen direkt mit dem Lerncoach[44] sprechen und Teilnehmer der anderen Gruppe mit ihm chatten? Aufgrund der Ergebnisse aus den verschiedenen hier beschriebenen

---

44 Die DozentInnen des bfw Berlin werden im Folgenden als Lerncoaches bezeichnet, weil dies ihre Aufgabe und Tätigkeiten im Rahmen der Schulung am besten beschreibt.

Studien nehmen wir an, dass eine Face-To-Face-Betreuung zwischen Lerncoach und Auszubildendem einer rein textbasierten Betreuung (Chat) überlegen ist. Wir möchten dies daran messen, ob die Motivation der Auszubildenden und ihre Leistungen sich unterscheiden. Zwei verschiedene Intensitäten der Betreuung im Rahmen von E-Learning und ihre Auswirkung auf Lernmotivation und Lernerfolg sollen so getestet werden.

- Hypothese I: Auszubildende mit virtueller Betreuung weisen eine signifikant niedrigere Lernmotivation und Lernleistung auf als Auszubildende mit persönlicher Betreuung.

Außerdem möchten wir herausfinden, ob die Ebene der persönlichen Beziehung zwischen Lerncoach und Auszubildendem für diesen Unterschied relevant ist.

- Hypothese II: Der persönliche Kontakt zwischen Auszubildendem und Lerncoach spielt für die Lernmotivation und Lernleistung eine bedeutsame (signifikante) Rolle.

Um unsere Hypothesen zu untersuchen, legten wir für unsere drei zentralen Variablen (Motivation, Leistung, persönlicher Kontakt) die Art der Erhebung fest. Wir operationalisierten die Fragestellungen und entwickelten entsprechende Erhebungsinstrumente[45].

Zusätzlich wählten wir mehrere Kontrollvariablen aus und legten auch für diese die Art der Erhebung fest. Die Tabelle 1 zeigt eine Übersicht.

---

45 Die Erhebungsinstrumente werden aus Platzgründen hier nicht näher beschrieben.

Tabelle 1: Übersicht über die erhobenen Variablen

Variable	Art der Erhebung			Beispiele für Operationalisierung
	Selbst-einschätzung	Fremd-einschätzung	Test	
Motivation	X	X		Ich habe mir bei dieser Word-Schulung sehr viel Mühe gegeben ("trifft völlig zu – trifft gar nicht zu") Wie ist die Lernmotivation des Teilnehmers? ("sehr hoch – niedrig")
Leistung	X		X	Ich habe das Gefühl, bei dieser Word-Schulung eine Menge gelernt zu haben ("trifft völlig zu – trifft gar nicht zu") Erläutern Sie den Begriff Fenstertechnik (2 Punkte für vollständige Antwort)
Persönlicher Kontakt	X			Semantisches Differential: Wie ist der persönliche Kontakt? "angenehm – unangenehm" (Azubi) Wie ist der persönliche Kontakt zu mir? ("gut – nicht gut") (Lerncoach)

Kontrollvariablen	Art der Erhebung			Beispiele für Operationalisierung
	Selbst-einschätzung	Fremd-einschätzung	Test	
Schulische Leistung			X	Noten im Schuleingangstest
Selbstwirksamkeit (computerbezogen)	X			Im Umgang mit Computern fühle ich mich sicher ("trifft völlig zu – trifft gar nicht zu")
Lern- und Leistungsbereitschaft		X		Der Teilnehmer strengt sich gerne an ("trifft völlig zu – trifft gar nicht zu")
Vorkenntnisse	X		X	Ich habe den Computer bisher zum Schreiben benutzt ("sehr häufig – nie") Beschreiben Sie den Begriff Systemstart (2 Punkte für vollständige Antwort)

Der Ablauf der Fallstudie

1. Schritt: Auswahl der Teilnehmer

Als Versuchsteilnehmer wurden acht Auszubildende aus der anstaltseigenen Tischlerei, Schlosserei, Malerei und aus dem Bereich Sanitär- und Anlagentechnik zufällig ausgewählt. Aus jeder Werkstatt nahmen je zwei Auszubildende – aus unterschiedlichen Lehrjahren – teil. Die Wahl fiel deshalb auf Auszubildende, da zum Zeitpunkt der Fallstudie die Einbindung der beruflichen Bildung und damit der anstaltseigenen Werkstätten in das e-LiS-Projekt ein wichtiger interner Meilenstein des Teilprojektes 5 waren.

2. Schritt: Train the Trainer

Zunächst wurden die Ausbilder in den betreffenden Werkstätten im Rahmen einer einstündigen Veranstaltung über die Fragestellungen und das Design der Fallstudie informiert. Sie wurden gebeten, ihre Einschätzung bezüglich der Lern- und Leistungsbereitschaft der beteiligten Auszubildenden einzubringen.

3. Schritt: Kick Off

Anschließend lernten die acht Auszubildenden den Computerraum der Jugendstrafanstalt kennen, erhielten einen persönlichen PC-Account (inklusive Passwort) und Informationen über die Fallstudie, an der sie in den kommenden Wochen zentral beteiligt sein sollten. Außerdem absolvierten sie bei diesem ersten Treffen einen Test, der ihre Vorkenntnisse im Bereich „Computergrundlagen" ermitteln sollte.

4. Schritt: Windows-Schulung

Danach erhielten die Auszubilden eine kurze Windows-Schulung (4 x 1 ½ Stunden), um z. B. in der Lage zu sein, ihren Ordner „Eigene Dateien" zu verwalten, den Windows Explorer sinnvoll zu verwenden, Lernprogramme zu starten und ihren Desktop individuell zu gestalten. Diese Schulung führten die beiden Lerncoaches des bfw im Team durch (ein Mann und eine Frau; dies diente auch der Berücksichtigung des Genderaspekts). Am Ende der Windowsschulung beantworteten die Auszubildenden einen Fragebogen zur eigenen Lernmotivation.

5. Schritt: Word-Schulung

Jetzt folgte die vierwöchige Word-Schulung, welche die Auszubildenden eigenverantwortlich an ihrem Werkstatt-PC absolvieren sollten. Die Auszubildenden erhielten jeweils montags einen Theorie-Input mit passenden Übungsaufgaben in ihren Ordner „Eigene Dateien". Diese Aufgaben zur Textverarbeitung am PC sollten sie jeweils eigenständig bis zum Freitag derselben Woche in maximal drei Stunden bearbeiten und unter ihrem Account abspeichern. Am darauf folgenden Montag erhielten sie von den Lerncoaches ein Feedback zu der von ihnen abgegebenen Bearbeitung der Übungsaufgaben und einen weiteren Theorie-Input.

Die Auszubildenden wurden für die Word-Schulung zufällig auf zwei Gruppen aufgeteilt.

Teilnehmer aus der ersten Gruppe wurden individuell und einmal pro Woche für eine halbe Stunde persönlich betreut. Dazu kamen die Lerncoaches in die Werkstatt und diskutierten mit den Jugendlichen Probleme bei der Bearbeitung der Übungen oder beantworteten Fragestellungen zum Thema.

Teilnehmer aus der zweiten Gruppe wurden individuell und einmal wöchentlich für eine halbe Stunde über einen One-To-One-Chat (Master Eye) betreut, in dem ein Lerncoach virtuell Rede und Antwort stand.

Ein Lerncoach war je einem der Auszubildenden fest zugeteilt; auch diese Aufteilung wurde zufällig festgelegt.

Die Lerncoaches notierten nach jeder Betreuungssituation (persönlich oder virtuell) ihre Einschätzung des Kontaktes mit dem Auszubildenden sowie dessen Lernmotivation und sonstige besonderen Vorkommnisse. Die Chat-Protokolle wurden gespeichert.

6. Schritt: Abschluss

Am Ende der Word-Schulung trafen sich alle Beteiligten noch einmal im Computerraum der Jugendstrafanstalt, um die Erfahrungen in dem Kurs auszutauschen und zu diskutieren. Außerdem absolvierten die Auszubildenden ein zweites Mal den Wissenstest aus der Eingangsveranstaltung (Kick Off).

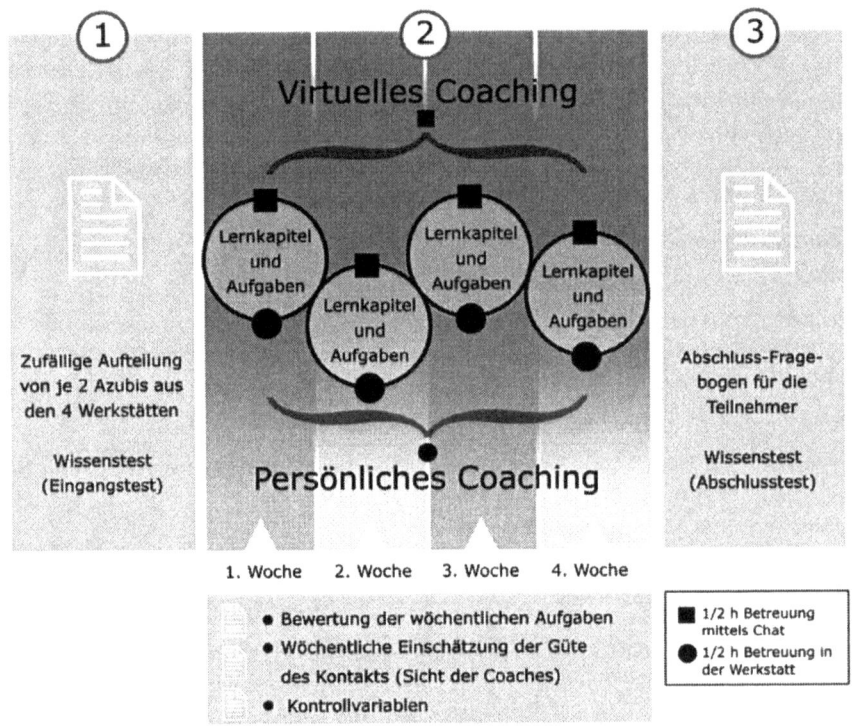

Die Ergebnisse der Fallstudie

Unsere Ergebnisse werden im Folgenden in zwei Teilen berichtet. Im ersten Teil erläutern wir die statistischen Analysen und unsere Ergebnisse dazu. Wir werden feststellen, ob wir unsere Hypothesen bestätigen können oder verwerfen müssen.

Da während der Feldstudie auch viele interessante und neue Erkenntnisse zutage traten – nicht im Rahmen der schriftlichen Erhebungen, sondern als praktische Erfahrungen –, werden diese in einem zweiten Teil dargestellt.

Wir sollten jedoch nicht vergessen, dass unsere Ergebnisse nur auf der Beobachtung von acht Auszubildenden beruhen und somit nur als erste Anregungen zum Thema E-Learning für benachteiligte Zielgruppen zu verstehen sind.

Hypothese I

Bevor wir unsere erste Hypothese überprüften, betrachteten wir die von uns erhobenen Kontrollvariablen. Bei deren Analyse fiel auf, dass, trotz der zufälligen Aufteilung der teilnehmenden Auszubildenden auf die beiden Versuchsgruppen, die beiden Gruppen unterschiedlich zusammengesetzt waren: in der Gruppe mit persönlicher Betreuung befanden sich mehrere Jugendliche mit guten Schulnoten und Computervorkenntnissen und einer hohen Leistungsbereitschaft. In der anderen Gruppe fielen die Ausprägungen dieser Kontrollvariablen deutlich niedriger aus. Dieses Problem wird in der Forschung „Konfundierung" genannt – nicht nur, dass die Gruppen so nicht mehr direkt vergleichbar sind, sie unterscheiden sich auch in der Richtung, die unsere Hypothese vorhersagt. Dies ist ein schwerwiegendes Problem, denn Versuchsbedingungen dürfen auf keinen Fall die eigene Hypothese bevorzugen. Aufgrund dieser Konfundierung können die statistischen Ergebnisse zur ersten Hypothese nur sehr vorsichtig betrachtet werden.

Die Ungleichheit zwischen den Gruppen kann man zwar mathematisch-statistisch kontrollieren, d. h. „herausrechnen"; dies funktioniert allerdings nur partiell, also bei jeweils einer Variablen. Da die Gruppen sich in mehreren Kontrollvariablen unterscheiden, entschieden wir uns, für die Darstellung in diesem Bericht diejenige Variable zu kontrollieren, die uns am wichtigsten erschien (Leistungsbereitschaft).

Zudem ist das Herausrechnen nicht für das nahe liegende Mann-Whitney-Verfahren[46] möglich, sondern nur für eine Korrelation. Die Korrelation misst nicht den Unterschied zwischen zwei Gruppen, sondern den Zusammenhang zweier Variablen (hier die Zugehörigkeit zur Gruppe und die entsprechende Variable, z. B. Motivation). Es ist anzunehmen, dass ein hoher Zusammenhang zwischen Gruppenzugehörigkeit und z. B. Motivation bedeutet, dass die beiden Gruppen unterschiedliche Werte bei der Motivation besitzen. Prinzipiell sind also beide Verfahren zulässig.

In der Tabelle stellen wir sowohl die Ergebnisse des Mann-Whitney-Verfahrens vor als auch die Ergebnisse der Korrelation[47], bei der die Kontrollvariable Leistungsbereit-

---

46 Das Mann-Whitney-Verfahren wird für kleine Untersuchungsgruppen verwendet. Es richtet sich nicht nach dem Gruppenmittelwert, sondern nach dem Rangplatz eines Wertes. So werden z. B. die Leistungen aller Auszubildender in eine Rangliste überführt und der Test überprüft, ob die beiden Gruppen gleiche oder verschiedene Rangsummen besitzen. Je niedriger eine Rangsumme, desto höher die Ränge der Auszubildenden dieser Gruppe.

47 Eine Korrelation (r) kann Werte zwischen -1 und +1 annehmen. Je näher der Wert bei 0 ist, desto geringer ist der Zusammenhang.

schaft herausgerechnet wurde. Es wurde einseitig auf einem Signifikanzniveau von $p<.05$ getestet[48].

Tabelle 2: Überprüfung der Hypothese I

Variable	Mann-Whitney-U-Wert Unterschiede zwischen den Gruppen	Korrelation mit Gruppe (Leistungsbereitschaft kontrolliert)
Motivation- Selbsteinschätzung	U=3,0 p<.096 +	r=-.164 p<.363 n.s.
Motivation- Fremdeinschätzung	U=0,0 **p<.019 ***	r=-.378 p<.201 n.s.
Leistung- Selbsteinschätzung	U=5,0 p<.243 n.s.	r=.506 p<.123 n.s.
Leistung- Bewertung der Aufgaben	U=0,5 **p<.026 ***	r=.193 p<.339 n.s.
Leistung- Wissenstest	U=6,0 p<.343 n.s.	r=-.117 p<.401 n.s.

n=8

In der ersten Spalte sind unsere zwei Variablen – Motivation und Leistung – aufgelistet; da wir beide mit verschiedenen Verfahren erhoben haben (Selbsteinschätzung, Fremdeinschätzung, Leistungstests), erhalten wir insgesamt fünf Variablen.

Die folgenden Spalten zeigen die Kennwerte der statistischen Tests und die zugehörigen Signifikanzwerte.

Zwei Tests mit dem Mann-Whitney-Verfahren (Test auf Gruppenunterschiede) werden signifikant. Eine weitere Variable (die Selbsteinschätzung der Auszubildenden zu ihrer Motivation) wird tendenziell signifikant.

Das bedeutet, dass sich die beiden Gruppen zum einen in der Höhe ihrer Motivation unterscheiden (nach der Einschätzung der Lerncoaches), zum anderen darin, wie gut

---

48 Die Angabe p<.05 drückt aus, dass ein p-Wert (Wahrscheinlichkeit), der kleiner ist als .05, bedeutet, dass der zugehörige Wert der Korrelation (r) einen statistisch bedeutsamen Wert erreicht hat. Ein p-Wert zwischen .05 und .10 wird von uns als tendenzielles Ergebnis gewertet. Signifikante Werte sind fett gedruckt und mit einem * gekennzeichnet.

sie die wöchentlichen Aufgaben lösten. Die Unterschiede liegen in der vorhergesagten Richtung: Auszubildende aus der Gruppe mit persönlicher Betreuung sind motivierter bzw. erreichen bessere Leistungen. Bei der Selbsteinschätzung der Auszubildenden zur Höhe ihrer Motivation weist das Ergebnis zwar in dieselbe Richtung, wird aber nicht eindeutig belegt.

Die zwei signifikanten Ergebnisse und die Tendenz verschwinden, wenn wir die bereits zu Beginn bestehende Unterschiedlichkeit der Gruppe berücksichtigen und die Kontrollvariable „Leistungsbereitschaft" herausrechnen: alle Signifikanzwerte in der letzten Spalte liegen oberhalb des kritischen Wertes p=.05.

Das Verschwinden der signifikanten Ergebnisse weist darauf hin, dass die Unterschiede zwischen den beiden Versuchsgruppen durch die vorher bestehende unterschiedliche Leistungsbereitschaft entstanden und nicht durch die unterschiedliche Art von Betreuung während der Schulung.

Die Ergebnisse zu unserer ersten Hypothese müssen zwar vorsichtig betrachtet werden, wir ziehen jedoch trotzdem eine Schlussfolgerung: unsere erste Hypothese kann nicht bestätigt werden. Die beiden Versuchsgruppen, die während der Word-Schulung unterschiedlich betreut wurden, unterscheiden sich nicht in ihrer Motivation oder Leistung. Die Gruppe mit persönlicher Betreuung zeigte zwar bessere Leistungen bei den Aufgaben und schien auch motivierter mitzuarbeiten, jedoch bestanden diese Unterschiede bereits vor der Word-Schulung.

Hypothese II

Unsere zweite Hypothese sollte einen möglichen Grund für Unterschiede bei Motivation und Leistung der Teilnehmer näher beleuchten: der Kontakt bzw. die Beziehung zum Lerncoach. Welchen Unterschied macht es, wenn Teilnehmer den Kontakt zu ihrem Lerncoach als angenehm und hilfreich oder als unangenehm und nutzlos empfinden?

Wir rechneten auch hier einen Mann-Whitney-U-Test, der überprüft, ob die beiden Gruppen sich signifikant voneinander unterscheiden.

Tabelle 3: Unterschiede zwischen den Gruppen in der Einschätzung des Kontakts

Variable	Mann-Whitney-U-Wert Unterschiede zwischen den Gruppen
Kontakt zwischen Auszubildendem und Lerncoach (Schülereinschätzung)	U=2,0 p<.057 +
Kontakt zwischen Auszubildendem und Lerncoach (Einschätzung des Lerncoaches)	U=1,0 p<.023 *

n=8

Die Tabelle listet unsere Variable „Kontakt" auf: einmal die Einschätzung der Auszubildenden und zum anderen die Einschätzung der Lerncoaches.

Tatsächlich unterscheiden sich die beiden Gruppen voneinander – einmal tendenziell signifikant, einmal signifikant. Das bedeutet, dass eine Betreuung durch Text-Chat eine andere Beziehungsqualität zwischen Auszubildendem und Lerncoach hat als eine Face-To-Face-Betreuung. Eine persönliche Betreuung wird deutlich angenehmer und hilfreicher erlebt.

Die Hypothese II sagt einen Zusammenhang zwischen der eingeschätzten Beziehungsqualität und den Variablen „Motivation" und „Leistung" voraus – und dieser Zusammenhang sollte anhand einer Korrelation überprüft werden. Wir wählten das Verfahren von Kendall[49].

---

49 Die Korrelation nach Kendall (tau) kann Werte zwischen -1 und +1 annehmen. Je näher der Wert bei 0 ist, desto geringer ist der Zusammenhang. Das Verfahren eignet sich besonders für unsere Daten, weil es ein Rangkorrelationsverfahren ist.

Tabelle 4: Überprüfung der Hypothese II

	Kontakt zwischen Auszubildendem und Lerncoach (Einschätzung des Auszubildenden)	Kontakt zwischen Auszubildendem und Lerncoach (Einschätzung des Lerncoaches)
Motivation-Selbsteinschätzung	tau=.552 p<.066 +	tau=.792 **p<.008 ***
Motivation-Fremdeinschätzung	tau=.829 **p<.008 ***	tau=.641 **p<.019 ***
Leistung-Selbsteinschätzung	tau=.501 p<.079 +	tau=.298 p<.174 n.s.
Leistung-Bewertung der Aufgaben	tau=.751 **p<.017 ***	tau=.583 **p<.031 ***
Leistung-Wissenstest	tau=.296 p<.196 n.s.	tau=-.240 p<.217 n.s.

n=8

Die Tabelle enthält die Korrelationen (tau) zwischen den beiden Variablen, welche die Einschätzung des Kontaktes abbilden und unseren fünf Variablen, die wir schon in der ersten Hypothese untersuchten.

Die Fremdeinschätzung der Motivation und die Qualität der wöchentlichen Aufgaben hängen sowohl mit den Einschätzungen der Auszubildenden wie auch mit den Einschätzungen der Lerncoaches signifikant zusammen: Je besser die Beziehung bzw. der Kontakt von den Auszubildenden bzw. den Lerncoaches eingeschätzt wurde, desto höher waren Motivation und Leistung der Teilnehmer.

Die Selbsteinschätzung der Motivation und Leistung liefern ein signifikantes und drei tendenziell signifikante Ergebnisse.

Interessanterweise wirkt sich die Qualität des Kontaktes zwischen Lerncoach und Auszubildendem nicht auf den abschließenden Leistungstest aus – beide Korrelationen sind nicht signifikant. Es ist anzunehmen, dass bei der Transferleistung, die dort stattfinden musste, noch weitere Einflüsse eine wichtige Rolle spielten, z. B. die Computer-Vorkenntnisse.

Sehr bedeutsam für unsere Ergebnisse ist, dass eine objektive Messung der Leistung (durch die Bewertung der wöchentlich abzugebenden Aufgaben) signifikante Werte bei der Korrelation mit dem erlebten Kontakt erreicht. Solche objektiven Messungen sind bessere Leistungsindikatoren als die Selbsteinschätzungen der Auszubildenden.

Insgesamt schlussfolgern wir aus unseren Daten, die in Tabelle 4 dargestellt sind, dass die Hypothese II bestätigt wird, da die Ergebnisse überwiegend signifikant oder tendenziell signifikant sind.

Weitere Beobachtungen und Ergebnisse

Neben den statistischen Analysen haben die Lerncoaches während der Betreuungszeiten vielfältige Beobachtungen gemacht. Die interessantesten möchten wir hier vorstellen, diskutieren und durch eine weitere Theorie erläutern.

Dabei standen für uns die Fragen im Vordergrund: Wie nutzten die Auszubildenden die beiden unterschiedlichen Coaching-Angebote? Wo traten Probleme und Schwierigkeiten auf?

Auffällig war, dass sich die beiden Kommunikationssituationen nach den Erfahrungen der Lerncoaches deutlich unterschieden. Obwohl die Betreuung während der Word-Schulung darauf ausgelegt war, dass die Auszubildenden Unklarheiten und Fragen besprechen konnten, stellten sie in der Chat-Gruppe kaum Fragen – stattdessen demonstrierten sie fleißig, wie sie das Lernmaterial durchgingen und die Aufgaben bearbeiteten.

Die Probleme entstanden eher bei den Lerncoaches: Was sollten sie in der halben Stunde, die anberaumt war, tun, wenn der Auszubildende keine Fragen hat oder stellt? Häufig versuchten die Lerncoaches wiederholt in einen Dialog einzutreten, doch die Teilnehmer ignorierten das Chatfenster und lernten weiter mit dem Lernmaterial.

Wir rekonstruierten aus den Chat-Protokollen und den geschilderten Eindrücken der Lerncoaches einen jeweils „typischen" Ablauf einer halbstündigen Betreuung. Sie sind in den Tabellen 5 und 6 dargestellt.

Tabelle 5: Typischer Ablauf der Coaching-Situation (FTF)

Gruppe mit persönlicher Betreuung – Face-To-Face (FTF)	
Lerncoach begrüßt den Teilnehmer	
	Azubi[50] grüßt den Lerncoach.
Lerncoach regt an, eine Frage zu stellen.	
	Azubi stellt eine konkrete Frage.
Lerncoach stellt Nachfragen, um den Hintergrund der Frage zu verstehen.	
	Azubi erläutert seine Frage.
Lerncoach erläutert und regt an, weitere Fragen zu stellen.	
	Azubi stellt weitere Fragen.
Lerncoach greift verschiedene angesprochene Aspekte auf und gibt Hilfestellungen und Anregungen.	
	Azubi geht auf Hilfestellungen und Anregungen des Lerncoaches ein. Es entstehen weitere Kommunikationsanlässe und -themen.
Lerncoach verabschiedet sich	
	Azubi verabschiedet sich.

Tabelle 6: Typischer Ablauf der Coaching-Situation (CMC)

Gruppe mit virtueller Betreuung – Computer Mediated Communication (CMC)	
Lerncoach begrüßt den Teilnehmer	
	Azubi grüßt den Lerncoach.
Lerncoach regt an, eine Frage zu stellen.	
	Azubi stellt eine konkrete Frage.
Lerncoach antwortet auf die Frage und regt zu weiteren Fragen an.	
	Azubi meint, keine weiteren Fragen zu haben und demonstriert sein Lernen, in dem er das Lernmaterial durchgeht.
Lerncoach gibt Hinweise und Hilfestellungen, wenn er sieht, dass Azubi an einer Stelle hängen bleibt.	
	Azubi antwortet nicht im Chat.
Lerncoach versucht einen Dialog im Chat zu beginnen.	
	Azubi antwortet nicht im Chat.
Lerncoach verabschiedet sich.	
	Azubi reagiert nicht, verabschiedet sich nicht.

---

50 Azubi = Auszubildender

Die Beschreibungen der typischen Abläufe zeigen, wie unterschiedlich sich die Situationen gestalten. Es wird klar, dass es einen großen Unterschied ausmacht, ob Fragen mündlich oder schriftlich gestellt werden und auch ob Fragen mündlich oder schriftlich beantwortet werden. Für die Lerncoaches war die Kommunikation per Chat schwierig, weil sie aus den kurzen Fragen der Auszubildenden keine Hinweise über deren Befindlichkeit entnehmen konnten. Ohne diese Hinweise fällt es schwer, das Lernen der Auszubildenden zu unterstützen. Selbst wenn die Lerncoaches die erschwerte Kommunikation mit den Auszubildenden vorantreiben wollten, trafen sie regelmäßig auf „Schweigen" seitens der Teilnehmer. Auch hier fehlte ihnen jeglicher Hinweis, warum die Auszubildenden nicht antworteten.

Was passierte in den Chat-Betreuungs-Situationen? Was sind die Ursachen für das deutliche Misslingen einer Betreuung und Kommunikation im Chat?

Durch die Eigenschaften des Chat kam es im Feldversuch zu sehr kurzen Dialogen (siehe Studie von Sallnäs). Nachdem eine konkrete Frage gestellt und beantwortet worden war, verbrachten die Schüler die restliche Zeit lieber damit das Lernen vorzuführen; sie demonstrierten, wie sie das Lernmaterial durchgingen und die Aufgaben bearbeiteten.

Während Chat-Situationen in öffentlichen Internet-Chatrooms dadurch gekennzeichnet sind, dass außer den kurzen schriftlichen Nachrichten keine weiteren Informationen über die anderen Kommunikationspartner zur Verfügung stehen, erlaubte die pädagogische Software „Master Eye", dass der Lerncoach den Monitor des Lernenden sehen und gegebenenfalls sogar die Steuerung der Software auf dessen Computer übernehmen konnte. Durch die ihnen mehr oder weniger bewusste Beobachtung ihres Monitors wurden die Auszubildenden eventuell motiviert, ihre Beschäftigung mit dem Lernmaterial vorzuführen. Die Jugendlichen in der Gruppe mit der virtuellen Betreuung konnten dabei einer „peinlichen Stille" entgehen, die nur im persönlichen Kontakt entstehen kann. Die Auszubildenden, die Chat-Nachrichten erhielten, fühlten sich ohne direkten Blickkontakt weniger stark zu einer Antwort aufgefordert. Sie konnten die Nachrichten wegklicken ohne zu antworten.

Wir nehmen an, dass die Auszubildenden die Situation weniger als „Ort der Kommunikation", sondern eher als „Ort der Kontrolle" erlebten. Sie versuchten den von ihnen vermuteten Anforderungen der Situation möglichst gut zu entsprechen, indem sie als „fleißiger Schüler" auftraten.

Erfahrungsgemäß fällt es den Jugendlichen schwer, Fragen schriftlich zu formulieren. Aus diesem Grund waren ein elektronisches Forum oder eine Betreuung per E-Mail ausgeschlossen worden, da sie noch höhere Fähigkeiten als ein Chat erfordern. Kommunikation im Chat kann sehr informell und in kurzen Sätzen erfolgen; außerdem erhält man schnell eine Antwort. Vermutlich hat die Zielgruppe auch gering ausge-prägte metakognitive Fähigkeiten – d. h. es fällt ihnen zum Beispiel schwer zu regist-rieren, dass sie bei der Lösung einer Aufgabe ein Problem haben. Die Lerncoaches sind also – stärker als bei einer Zielgruppe von Studierenden, wie in anderen Studien – darauf angewiesen, durch Nachfragen und Berücksichtigen der non-verbalen Hinweise herauszufinden, wo der Schüler das eigentliche Problem hat.

In unserem Feldversuch haben sich die anfangs beschriebenen Ergebnisse von Stu-dien mit Studierenden teilweise bestätigen lassen; im Chat finden deutlich kürzere Dia-loge als in direkten Face-To-Face-Kontakten statt und die Beziehung zwischen den Kommunikationspartnern ist erschwert, weil non-verbale Hinweise fehlen, die man sonst durch Mimik, Gestik, Körperhaltung und Tonfall erhält. Unsere Teilnehmer konnten jedoch die fehlenden non-verbalen Hinweisreize nicht durch einen Kommu-nikationsstil ausgleichen, den sie der Situation anpassten. Stattdessen entzogen sie sich der Kommunikation.

Zur Erklärung dieser Ergebnisse wollen wir eine soziologische Theorie heranziehen: Goffmans Theorie der Interaktionen (siehe Kasten). Diese Theorie beschreibt Vor-gänge der menschlichen Kommunikation sehr detailgenau. Da Goffmans Theorie sich auf die direkte und persönliche Kommunikation bezieht, wird sie in der Regel nicht herangezogen, um computervermittelte Kommunikation näher zu beleuchten.

Goffmans Theorie der Interaktionen

Mit dem Begriff des „Rahmens" versucht Goffman zu beschreiben, dass die kognitiven Orientierungen der Interakteure während der Kommunikation eine wesentliche Rolle spielen. Die Menschen verfügen über ein „Rahmungswissen" und es bestehen Regeln über das Verhalten: Die Akteure haben bestimmte Er-wartungen, z. B. die Einhaltung von Gruß- und Abschiedsritualen oder die Verwendung bestimmter Anredeformen.

Jeder Mensch verfügt darüber hinaus über Techniken, mit deren Hilfe er ver-sucht, das Verhalten des anderen zu interpretieren. Auf der anderen Seite gibt es Strategien, um einen bestimmten Eindruck bei den anderen hervorzurufen und aufrechtzuerhalten. Die Signale, die beim miteinander Reden übermittelt wer-den, sind sowohl absichtlich und bewusst als auch unbeabsichtigt. In einer Kommunikationssituation erfolgt ein so genannter „Vorgang des gegenseitigen Verortens".

Übertragen wir Goffmans Theorie auf die Bedingungen unseres Feldexperiments können wir feststellen, dass der dortige „Rahmen" für die Kommunikation der einer

Lehrer-Schüler-Interaktion war. Sowohl für Lehrer wie auch für Schüler gibt es typische Rollen, die wir auch als deren typischen „kognitiven Orientierungen" bezeichnen können.

Im Vergleich zu einer Kommunikationssituation während einer persönlichen Betreuung haben die Auszubildenden in der Chat-Betreuungssituation wahrscheinlich bestimmte Rollenaspekte des Lerncoaches verstärkt wahrgenommen und andere sind dafür in den Hintergrund geraten.

Die Rolle des Lehrenden als Berater – ganz sachlich und aufgabenbezogen – wurde vom Auszubildenden in Anspruch genommen. Die motivierende Rolle des Lerncoaches wurde eventuell durch die rein schriftliche Kommunikation nicht so stark empfunden, da die non-verbalen Hinweisreize fehlten, auf die sich die Menschen üblicherweise als „Signale" verlassen. Eine Beratung ohne Motivierung war für die Auszubildenden jedoch nur für sehr kurze Sequenzen interessant.

Der Lerncoach wurde wahrscheinlich stärker als „Beobachter" und „Kontrolleur" gesehen denn als „Motivierer". Vielleicht empfanden die Auszubildenden die Chat-Situation als verunsichernd und griffen deshalb auf ihre gewohnten Verhaltensweisen zurück; diese sind häufig davon geprägt, Lehrende als „Kontrolleure" und sogar „Bestrafer" wahrzunehmen. Die Rolle des Beobachters könnte auch durch die Master-Eye-Software verstärkt worden sein, welche es den Lerncoaches ermöglicht, den Bildschirm des Auszubildenden einzusehen. Im Vergleich dazu hatten die Auszubildenden, die persönlich betreut wurden, viel mehr und bessere Gelegenheiten, die Lerncoaches kennen und einschätzen zu lernen.

Es ist aber auch anzunehmen, dass insbesondere die Situation im Strafvollzug einen bedeutenden Einfluss auf die „kognitive Orientierung" der Auszubildenden hat. Das Leben unter Freiheitsentzug ist geprägt von starkem Hierarchie-Denken (sowohl zwischen Insassen und Angestellten als auch unter Insassen), ständiger Bewachung und Kontrolle (siehe Goffman, 1973).

Nicht zuletzt bietet eine Chat-Kommunikationssituation die leichtere Möglichkeit, sich ohne Regelverletzung zu entziehen – in direkter Kommunikation wäre ein Schweigen der Auszubildenden als „peinliche Stille" empfunden worden.

Vieles spricht dafür, dass Lernsituationen im Strafvollzug nicht ohne weiteres mit Lernsituationen „draußen" vergleichbar sind.

Es ist sowohl eine speziell auf die Zielgruppe zugeschnittene Didaktik notwendig wie auch weitere Fallstudien wie die vorliegende, welche die Umsetzung von pädagogischen Konzepten in der Praxis begleiten.

Schlussfolgerungen

Kommunikationstraining im Vorfeld

Den jugendlichen Strafgefangenen fehlen zumeist nicht nur die Fähigkeiten, selbstständig zu lernen, sondern auch die Grundlagen zwischenmenschlicher Kommunikation. Daher erscheint uns zur Vorbereitung virtueller Lernformen ein Kommunikationstraining wichtig. Dabei gilt es die Unterschiede zwischen formeller und informeller Kommunikation zu klären und die verschiedenen Aspekte von Kommunikation aufzudecken. Für die Jugendlichen ist es wichtig zu durchschauen, dass eine Unterhaltung durchaus mehrschichtig ist und unterschiedliche Informationen transportieren kann (Mehrdeutigkeit). Diese Mehrdeutigkeit zu erkennen, akzeptieren und ertragen zu können, gilt es ebenfalls zu trainieren. Eine weitere Voraussetzung zur Nutzung virtueller Kommunikation und Betreuung ist die Etablierung einer Fragekultur. Dazu sollten die Jugendlichen üben, Probleme beim Lernen zu lokalisieren und sich Informationen selbstständig durch exakte Fragen zu beschaffen (z. B. Internetrecherche).

Klare Zielvereinbarungen

Einige der Unklarheiten während der virtuellen Betreuung sind möglicherweise auch dem Umstand geschuldet, dass die betreffenden Auszubildenden unsicher darüber waren, was von ihnen erwartet wird. Werde ich hier kontrolliert? Denkt der Lerncoach, ich habe nicht gut gelernt, wenn ich ständig Fragen stelle? Um diese Unsicherheiten zu vermeiden und um selbstständiges und selbstverantwortliches Lernen zu erleichtern, ist es unserer Meinung nach wichtig, dass die Schüler zusammen mit dem Lerncoach die wechselseitigen Rollenerwartungen transparent machen und klare Lernziele vereinbaren, die sie in einer vordefinierten Zeit erreichen möchten. Die Aufgaben müssen dann eindeutig formuliert sein und durch ein treffsicheres Feedback abgerundet werden.

Virtuelle Betreuung mit Audio-Kanal

Eine rein textbasierte virtuelle Betreuung und Kommunikation weist gegenüber persönlicher Betreuung und Kommunikation Unzulänglichkeiten auf. Das Fehlen von non-verbalen Hinweisreizen erschwerte den Lerncoaches die Einschätzung des Teilnehmers und damit das Coaching. Die Auszubildenden nahmen das Angebot des Coaching kaum wahr. Mit der Einrichtung eines Audio-Kanals könnten wertvolle zusätzliche Kommunikationssignale, z. B. über den Tonfall übermittelt werden.

Blended Learning und individuelles Coaching

Wie in anderen Lernzusammenhängen schon erwiesen, erscheint gerade für diese spezielle Zielgruppe die Abwechslung zwischen Präsenz- und kurzen Selbstlernphasen wichtig. Da die Teilnehmer zumeist nicht gewohnt sind, Lernprozesse selbst zu initiieren, sie wenig intrinsisch[51] motiviert sind und außerdem große Lernblockaden haben, ist eine stetige Motivierung und individuelle Betreuung besonders in der Anfangsphase für den Lernerfolg unabdingbar. Außerdem zeigte die Fallstudie, dass die jugendlichen Strafgefangenen eine persönliche Betreuung anders als eine virtuelle erleben. Motivation und Leistung hängen eng damit zusammen, wie gut der Kontakt zwischen Lerncoach und Auszubildendem ist.

Vor diesem Hintergrund erscheint es uns im Vorfeld der Implementierung einer Lernplattform bzw. des Einsatzes virtueller Lernformen empfehlenswert, selbstständiges Lernen durch die DozentInnen im Rahmen von Präsenzkursen bewusst zu initiieren und zu trainieren. Die Selbstlernphasen können dann im Fortlauf des Projektes je nach Leistungsniveau und Leistungssteigerung immer länger werden.

Als zusätzliche Betreuungsvariante könnten sich in den Selbstlernphasen Lerngruppen vor Ort bilden, die gemeinsames Lernen und Kommunikation über das Lernthema ermöglichen. So könnte der Zeitraum zwischen den Rückmeldungen des Lerncoaches überbrückt werden, ohne dass die Motivation sofort spürbar abnimmt. Interessant an dieser Variante wäre es auch herauszufinden, welche Vor- und Nachteile die Kommunikation unter den Auszubildenden im Vergleich zur Kommunikation zwischen Auszubildendem und Lerncoach mit sich bringt.

---

51 Eine intrinsische Motivation kommt von innen, d. h. der Antrieb erfolgt aus Interesse an der Sache selbst.

Literatur

Bos, N.; Olson, J.; Gergle, D.; Olson, G.; Wright, Z. (2002). Effect of four computer-mediated communication channels on Trust Development. Pro-ceedings of CHI 2002. New York: ACM Press.

Gebhardt, J. (2001). Inszenierung und Verortung von Identität in der computer-vermittelten Kommunikation. Rahmenanalytische Überlegungen am Beispiel des „Online-Chat". kommunikation@gesellschaft, Jg.2, Beitrag 7, 1-21.

Dziuban, C.; Moskal, P. (2001). Emerging research issues in distributed learning. Paper presented at the 7th Sloan-C International Conference on Asynchronous Learning Networks.

Goffman, E. (1973). Asyle. Über die soziale Situation psychiatrischer Patienten und anderer Insassen. Frankf./M.: Suhrkamp.

Kreijns, K.; Kirschner, P.A.; Jochems, W. (2003). Identifying the pitfalls for social interaction in computer-supported collaborative learning environments: A review of the research. Computers in Human Behavior, 19, 335-353.

Picciano, A.G. (2002) Beyond student perceptions: Issues of interaction, presence and performance in an online course. Journal of Asynchronous Learning Networks, 6 (1), 21-40.

Sallnäs, E.-L. (2002). Collaboration in multimodal virtual worlds: comparing touch, text, voice and video. Schroeder, R. (Hg.): The social life of avatars: presence and interaction in shared virtual environments, 172 – 187. New York: Springer.

Schweizer, K.; Paechter, M.; Weidenmann, B. (2001). A field study on distance education and communication: experiences of a Virtual Tutor. Journal of Computer-Mediated Communication, 6 (2).

Short, J.; Williams, E.; Christie, B. (1976). The Social Psychology of Tele-communications. London: John Wiley.

Walther, J.B. (1992). Interpersonal effects in computer-mediated interaction: A relational perspective. Communication Research, 19, 52-90.

7 Lernsoftware im Unterricht – Eine Fallstudie in den Jugendstrafanstalten Brandenburgs

Karoline Schnetter

Zusammenfassung

Die e-LiS-Fallstudie über die Erfahrungen beim Einsatz von Lernsoftware an den Jugendstrafanstalten des Landes Brandenburg zeigt, wie unterschiedlich Lehrende sich mit der Thematik auseinandersetzen und bereit sind, IuK-Technologie in ihren Unterricht zu integrieren.

Im Mittelpunkt der Studie steht die Wahrnehmung der Lehrenden von Vorteilen und Hindernissen beim Einsatz von Lernsoftware. Dazu wurden telefonische Interviews mit zehn LehrerInnen durchgeführt. Als Vorteil beim Einsatz von Lernsoftware wird gesehen, dass die Motivation der Schüler im Vergleich zu einem konventionellen Unterricht steigt und dass Lehrende mit Hilfe des Computers binnendifferenziert unterrichten können. Wesentliche Hindernisse sind auf der anderen Seite Probleme mit der Technik und Ausstattung, die zu Unsicherheiten auf Seiten der LehrerInnen führen. Desweiteren gibt es für die Lerngruppen im Jugendstrafvollzug zu wenig geeignete Lernsoftwareprogramme.

Es wird die These formuliert, dass LehrerInnen sich in unterschiedlichen Phasen der Auseinandersetzung mit Lernsoftware befinden. Während sie sich anfangs mental damit beschäftigen, wie man Lernsoftware einsetzen könnte, probieren sie in einer zweiten Phase den realen Unterrichtseinsatz aus. Eine dritte Phase ist durch regelmäßigen und routinierten Einsatz von Lernsoftware gekennzeichnet. Mit zunehmender Erfahrung der LehrerInnen beim Einsatz von Lernsoftware verändert sich auch die Wahrnehmung: anfangs überwiegen die Hindernisse, später überwiegen die Vorteile.

Der Text schließt mit Empfehlungen ab, wie der Einsatz von Lernsoftware im Unterricht weiter gefördert werden kann.

Das Brandenburger e-LiS Projekt im Aufgabenfeld Jugend (Teilprojekt 6)

Informations- und Kommunikationstechnologie (IuK) steht im Mittelpunkt des Brandenburger Beitrags zum Aufgabenfeld Jugend der EP e-LiS. Durch die IuK-Nutzung werden den jugendlichen Strafgefangenen Inhalte der Elementarbildung sowie Schlüsselqualifikationen vermittelt, gleichzeitig erwerben sie im handelnden Umgang auch Medienkompetenz.

Jugendliche Gefangene erhalten allgemein bildenden Unterricht in der Sekundarstufe I/II durch externe LehrerInnen. Berufsvorbereitung und -ausbildung werden von Oberstufenzentren und von Maßnahmeträgern (StützlehrerInnen) durchgeführt. VollzugslehrerInnen unterrichten lernschwache Jugendliche.

Digitale Medien und Werkzeuge wurden vor Projektbeginn nur vereinzelt eingesetzt. Es bestanden Defizite in der Ausstattung der Computerräume, in den didaktischen Konzepten und in der Qualifikation der Lehrenden.

Ziel des Teilprojekt 6 war es, neue didaktisch-methodische Unterrichtskonzepte und Lehr-/Lernstrategien sowie Lernarrangements unter Einbeziehung von IuK in die Bildungsmaßnahmen des Brandenburger Jugendstrafvollzugs einzuführen. Das individualisierte Lernen der Strafgefangenen sollte durch den Einsatz von Lernsoftware gefördert werden. Der Erwerb von Medienkompetenz sollte zugleich die Reintegration der Strafgefangenen in die Gesellschaft unterstützen.

Die fünf beteiligten Jugendstrafanstalten bzw. deren Lehrenden erhielten als Unterstützung für ihre Arbeit externe Fortbildungen durch das IBI. In einigen Kursen ging es gezielt um Lernsoftware, deren Bewertung, die Möglichkeiten zum Einsatz der Software etc. Diverse Lern- und Bildungssoftwareprogramme wurden den Lehrkräften zur Verfügung gestellt. Auch technische Betreuer aus dem IBI standen den LehrerInnen als Ansprechpartner zur Verfügung, boten Unterstützung bei technischen Problemen und kümmerten sich um die Einrichtung der Computerräume und -netzwerke.

Die Befragung und Stichprobe

Zur Evaluation dieses Teilprojekts wurden gemeinsam mit der Projektleitung folgende Fragestellungen formuliert: Welche Einschätzungen treffen die LehrerInnen über die Lernsoftware? Wie wird Lernsoftware eingesetzt? Welche Unterschiede lassen sich zu „konventionellem" Unterricht feststellen? Welche Vor- und Nachteile sehen die LehrerInnen? Welchen didaktisch-methodischen Wert erleben sie? Daneben sollten auch die Hinderungsgründe beleuchtet werden, um gezielte Maßnahmen zur weiteren Förderung des Einsatzes von Lernsoftware zu ermöglichen.

Mittels halbstrukturierter Telefoninterviews wurden zehn LehrerInnen aus drei[52] brandenburgischen Jugendhaftanstalten befragt, die an den e-LiS-Fortbildungen teilnahmen. Die befragten LehrerInnen waren sowohl anstaltsinterne als auch externe Lehrkräfte von Oberstufenzentren. Interviewt wurden sechs Frauen und vier Männer.

In diese Studie fließen die Erfahrungen aus sehr unterschiedlichen Bildungsmaßnahmen ein: Es wurden sowohl LehrerInnen aus dem allgemein bildenden wie auch aus dem berufsbildenden Bereich befragt. Die Bandbreite der Kurse reicht von einem rein allgemein bildenden Kurs („9. Klasse") über Bildungsmaßnahmen für Lernsondergruppen („Arbeitstherapeutische Maßnahmen", „Deutsch für Ausländer"), Übergangsmaßnahmen zwischen Berufsvorbereitung („ÜGBVB") und -ausbildung bis hin zu Berufsschulunterricht bzw. -förderunterricht. Ein weiterer spezieller Kurs, der besonderen Wert auf die Einbindung von Computern in den Unterricht legt („Telis") und Inhalte aus der Allgemeinbildung mit Computer-Grundlagenvermittlung verbindet, war ebenfalls Teil der Studie.

Die befragten LehrerInnen unterrichten in den Bildungsmaßnahmen für unterschiedliche Lernniveaus überwiegend die Grundlagenfächer Mathematik und Deutsch sowie Naturwissenschaft, Gesellschaftskunde oder Technologie.

Die Teilnehmer an den Bildungsmaßnahmen im Brandenburger Jugendstrafvollzug sind ausschließlich männliche Jugendliche und junge Erwachsene.

Einsatz von Lernsoftware

Unter den befragten zehn LehrerInnen ist ein großes Meinungsspektrum zur Frage vorhanden, wie häufig Lernsoftware im Unterricht genutzt wird: angefangen bei der Aussage *„noch kein Einsatz von Lernsoftware, aber ich denke darüber nach*[53]*"* über *„bisher habe ich einmal Lernsoftware eingesetzt" und „zur Zeit weniger als einmal im Monat"* bis hin zu Berichten, dass mehrere Stunden pro Woche mit Lernsoftware gearbeitet bzw. gelernt wird. Zwei bis vier Unterrichtsstunden pro Woche entsprechen in diesen Fällen ungefähr der Hälfte der Unterrichtszeit in der Klasse.

---

52 An zwei weiteren Jugendstrafvollzugsanstalten fanden zur Zeit der Interviews keine Bildungsmaßnahmen von LehrerInnen aus dem e-LiS-Projekt statt.

53 Zitate sind durch Kursivschrift kenntlich gemacht. Grammatikalische Ungereimtheiten und Dialekte wurden zugunsten der Lesbarkeit vorsichtig korrigiert.

Keiner der befragten Lehrenden rät vom Einsatz von Lernsoftware ab. Einige sind zwar erst dabei, sich auf den Einsatz von Lernsoftware vorzubereiten und einige andere sind bei ihren ersten Versuchen auf Schwierigkeiten gestoßen; der Tenor der Aussagen in den Interviews ist jedoch positiv: Lernsoftware ist für die Zielgruppe geeignet und sinnvoll.

Im folgenden Abschnitt werden die Erfahrungen und Einstellungen der LehrerInnen detailliert dargestellt. Wie schätzen die LehrerInnen Lernsoftware ein? Was finden sie gut daran und wo stoßen sie auf Probleme, wenn sie Lernsoftware einsetzen wollen?

Vorteile und Hindernisse beim Einsatz von Lernsoftware aus Sicht der Lehrenden

Aus den Antworten in den Interviews wurden mittels einer Inhaltsanalyse Kategorien gebildet, die mit typischen und aussagekräftigen Zitaten der LehrerInnen belegt werden. In beiden Bereichen – den Vorteilen und den Hindernissen – fanden wir jeweils sechs Kategorien. Tabelle 1 gibt einen Überblick. Die Reihenfolge der Vorteile bzw. Hindernisse spiegelt die Häufigkeit der Nennungen wieder.

Tabelle 1: Die genannten Vorteile und Hindernisse in Kategorien

Vorteile beim Einsatz von Lernsoftware	Hindernisse beim Einsatz von Lernsoftware
Erhöhung der Motivation	Technik/ Ausstattung
Binnendifferenzierung	Geringes Angebot an Lernsoftware
Selbstständiges Arbeiten	Fehlende Ressourcen der LehrerInnen
Methodenvielfalt	Fehlende Fähigkeiten der Schüler
Lernzielkontrolle	Organisatorische Rahmenbedingungen
Anschaulichkeit und einfache Erklärungen	Einschränkung des sozialen Bereiches

Im Folgenden gehen wir zuerst auf die Vorteile, danach auf die Hindernisse ein. Die Kategorien, die bei der Auswertung gebildet wurden, werden erläutert und durch Aussagen der Lehrenden weiter illustriert. Die Darstellung ist bewusst beschreibend gehalten. Die Befragten werden als ExpertInnen betrachtet, daher werden die Ansichten, Einstellungen und Erfahrungen der Lehrenden hier unkommentiert dargestellt.

Die Vorteile beim Einsatz von Lernsoftware im Unterricht

Erhöhung der Motivation

Knapp die Hälfte der befragten LehrerInnen sieht den Vorteil beim Lehren bzw. Lernen mit Lernsoftware darin, dass die Jugendlichen motivierter arbeiten. *("Beim Lernen mit Lernsoftware ist es auf jeden Fall "etwas anderes", zum Beispiel ein paar bunte Bilder zu sehen, die auch gut animiert sind. Das ist für die Schüler ein bisschen aufregender, das ist ein Vorteil.")* Die multimediale Aufbereitung der Lern- und Übungsinhalte spricht die Schüler an und die Abwechslung zum sonstigen Unterricht bereichert das Lernen. *("Nach meiner Erfahrung bringt der Einsatz von Lernsoftware eine Belebung. Es bringt Abwechslung und Auflockerung.")*

Eine Lehrerin stellt in ihrer heterogen zusammengesetzten Lerngruppe fest: *"Ich kann auch Ungeübte neugierig machen, sowohl für das Fachliche wie auch für den PC. Der Computer ist für mich Mittel zum Zweck, damit die Lernschwachen auch mal Interesse zeigen."*

Auch andere Beiträge in diesem Band berichten von dem Effekt, dass Computer motivationssteigernd wirken (siehe Schnetter, Kapitel 2 und Matt, Kapitel 3).

Binnendifferenzierung

Ebenfalls knapp die Hälfte der befragten LehrerInnen berichtet, wie der Einsatz von Computern und Lernsoftware einen didaktisch veränderten Unterricht ermöglicht. Eine Binnendifferenzierung – bei der Schüler je nach Leistungsstand unterschiedliche Aufgaben erhalten – ist leichter zu realisieren: *"Ein Vorteil ist, wenn ich fünf verschiedene Schüler habe, kann ich auch gleichzeitig fünf verschiedene Aufgaben geben und mich dann intensiver um den Einzelnen kümmern. Ich kann also besser differenzieren. Das geht so einfacher [als ohne Lernsoftware] und ich habe mehr Zeit für den Einzelnen, denn dann sind die Aufgaben genau auf die Schüler zugeschnitten."* Dieses Zitat zeigt, dass die Lerner nicht an den Computern mit der Lernsoftware alleine gelassen werden; im Gegenteil, die Betreuung ist jetzt besser auf den Einzelnen abgestimmt und so effektiver wirkt.

Ein zweiter Punkt der Binnendifferenzierung – neben spezifischen Arbeitsaufgaben – betrifft das Lerntempo. Erfahrungsgemäß unterscheiden sich die Menschen darin, wie schnell oder langsam sie arbeiten. Hierzu berichtet eine Lehrerin: *"Meine Erfahrung mit Lernsoftware ist, dass man das Lerntempo [an den jeweiligen Schüler] anpassen kann und so differenzieren kann. Das ist ein Vorteil."* Dagegen bedeutet ein "konventioneller" Unterricht in der Regel, dass die gesamte Klasse in einheitlichem Lerntempo fortschreitet; die Schnelleren beginnen sich zu langweilen, die Langsameren werden überfordert.

Selbstständiges Arbeiten

Circa ein Drittel der LehrerInnen sieht einen Vorteil darin, dass sich die Möglichkeiten für die Schüler erweitern, das selbstständige Arbeiten zu üben. Dadurch, dass sich die Rolle der Lehrenden vom Wissensvermittler zum Berater verändert, können sich die Schüler Unterrichtsstoff selbstständig erarbeiten. Ein Lehrer beschreibt seinen Unterricht mit Lernsoftware folgendermaßen: *„Wenn ich Lernsoftware einsetze, kann ich meine Rolle rausnehmen; ich setze Lernsoftware zum Beispiel auch zum „Selbststudium" ein, d. h. sie sollen sich selbst etwas erarbeiten. Das heißt nicht, dass ich nicht da bin, wenn die Schüler Fragen haben – der Unterricht mit dem PC ist teilweise sogar anstrengender. "*

Die Fähigkeiten, die für ein selbstständiges Arbeiten notwendig sind (z. B. Ausdauer, Konzentrationsfähigkeit, Besitz von Lernstrategien), sind allerdings nach Aussage vieler LehrerInnen bei der Mehrheit der Schüler nicht stark ausgeprägt.

Es gibt aber auch im Jugendstrafvollzug Teilnehmer, die über die notwendigen Voraussetzungen für ein selbstständiges Lernen verfügen. Eine Lehrerin beschreibt ihre positiven Erfahrungen beim Einsatz von Lernsoftware so: *„Es ist ein Vorteil, dass ich [mit Hilfe der Lernsoftware] das selbstständige Arbeiten mit meinen Schülern üben kann, auch bei Themen, bei denen das sonst nicht möglich gewesen wäre. [...] Meine Erfahrungen waren, dass die Schüler ruhig und selbstständig gearbeitet haben. Sie waren dann erstaunt, wie schnell die Stunde verging – das ist ja ein Zeichen, dass sie es interessant fanden. "*

Methodenvielfalt

Ein paar LehrerInnen sehen im Einsatz von Lernsoftware eine Bereicherung für den Unterricht, weil sie größere methodische Vielfalt ermöglicht. Unterrichtsstoff, der den Jugendlichen schwer fällt, lässt sich mit Lernprogrammen wiederholen, ohne dass diese Wiederholung auf Ablehnung trifft. Die LehrerInnen haben durch die verschiedenen Lernprogramme mehr Möglichkeiten bei der eigenen Unterrichtsgestaltung: *„Ich finde es gut, dass man diese Möglichkeit hat, relativ vielfältig zu arbeiten [...] eine Methodenvielfalt ist ja immer sinnvoll. Mit Lernsoftware kann ich den Unterricht viel abwechslungsreicher gestalten. "*

Die Vielfalt kann auch in der Abwechslung zwischen personen- und medienzentriertem Lernen liegen. Eine Lehrerin führt das näher aus: *„Ich gehe in das PC-Kabinett, wenn Vertretungsstunden anliegen. Denn dann sehen die Schüler mich so oft den ganzen Tag, dass sie mich vielleicht nicht mehr so gerne sehen... "*

Lernzielkontrolle durch den neutralen Computer

„Der entscheidende Vorteil, den ich sehe, ist, dass bei der Lernsoftware eine Lernzielkontrolle da ist, die der Gefangene auf der Stelle kriegt, und zwar nicht vom Lehrer, sondern vom Rechner", so eine von zwei Lehrenden, die in der neutralen Lernzielkontrolle einen Vorteil sehen. Worin bestehen die Vorteile genau?

Zum einen wird die Rückmeldung von einer neutralen Maschine gegeben, und nicht von einem Menschen, der immer auch bewertet. Das Feedback des Computers wird stärker informativ als bewertend erlebt. Wird ein Fehler des Lerners korrigiert, passiert dies auch nicht vor der Öffentlichkeit der anderen Schüler. Dies ist ein Vorteil, da im Unterricht Fehler häufig als Misserfolge erlebt werden. Wird der Fehler zusätzlich von den Mitschülern als Hinweis für die soziale Rangordnung gesehen – die Guten oben, die Schlechten unten – kann man davon ausgehen, dass der Schüler beschämt ist. Dies behindert den Lernprozess unnötig.

Darüber hinaus werden die Rückmeldungen der Lernprogramme auf Eingaben der Lernenden in der Regel sofort gegeben. Dieses prompte Feedback ist für die menschliche Informationsverarbeitung günstiger als ein Feedback, das erst nach einiger Zeit gegeben wird; eine zeitnahe Information kann effektiver verarbeitet werden.

Anschaulichkeit und einfache Erklärungen

Diese Kategorie wurde von zwei LehrerInnen benannt. Hier werden Computer und Lehrkraft miteinander verglichen, wobei der Computer besser abschneidet (wie auch bei der neutralen und prompten Rückmeldung). So sagt ein Lehrer: *„Durch die Lernsoftware gewinne ich Anschaulichkeit [Thema Photosynthese]"*. Ein anderer Lehrer meint: *„Im Lernprogramm werden die einzelnen Schritte [der Prozentrechnung] noch mal so erklärt, wie man es nur einfach machen kann."* Die Lernsoftware unterstützt in diesen Fällen den Lehrenden bei der Stoffvermittlung durch eine einfache und anschauliche Darstellung der Lerninhalte und kann so den Unterricht verbessern.

Die Hindernisse beim Einsatz von Lernsoftware im Unterricht

Technik/Ausstattung

Aspekte der technischen Rahmenbedingungen und Ausstattung werden von fast allen befragten LehrerInnen als hindernde Bedingungen angeführt. Beispielsweise stehen von einer Lernsoftware nicht immer genügend Lizenzen zur Verfügung: *„Der Nachteil ist, dass wir meist nur eine einzige CD-ROM kriegen, die nur an einem Arbeitsplatz einsetzbar ist."*

Wird eine Lernsoftware nur auf dem Lehrer-Rechner installiert und die Schüler greifen über das Netzwerk darauf zu, treten folgende Probleme auf: *„Die Computer laufen relativ langsam, weil vorne in dem Lehrer-Laufwerk habe ich die CD reingepackt und die Schüler laufen über das Netzwerk mit. Und das dauert immer eine Weile. Die Schüler werden dann unruhig, wenn es nicht immer gleich klappt, wenn sie irgendwo draufklicken.“* Dieses typische Defizit der Lerngruppe, die geringe Frustrationstoleranz, erfordert einen möglichst reibungslosen Unterricht. Eine nicht oder nur schlecht funktionierende Technik ist aus Sicht der Lehrenden eine Störung ihres Unterrichts.

In den Computerräumen der Jugendstrafvollzugsanstalten in Brandenburg stehen zwischen 6 und 15 Rechner. In den Bildungsmaßnahmen sind die Lerngruppen zwar kleiner als in regulären Schulen und Berufsschulen, trotzdem tritt gelegentlich der Fall ein, dass nicht jedem Teilnehmer ein eigener Computer zur Verfügung steht: *„Ein Nachteil ist, dass nicht jeder einen eigenen Rechner hat, das führt immer zu Dynamik in der Gruppe. Ich muss zwei, die zusammenarbeiten, bei Laune halten und jonglieren. Der andere, der nicht dran ist, muss sich ja in Geduld üben, dem ist dann langweilig.“* Wenn nicht genügend Rechner zur Verfügung stehen, ist das für manche LehrerInnen ein Hinderungsgrund, Lernsoftware öfter einzusetzen, da der Unterricht ineffektiver für die Lernenden und anstrengender für die Lehrenden ist.

Probleme mit der Technik, wie beispielsweise nicht laufende Programme, Programmabstürze oder Schwierigkeiten beim Ausdrucken, führen zu Unsicherheiten bei den LehrerInnen. Ein erst kürzlich fertig gestellter Computerraum in einer neuen Haftanstalt stellte für die Befragten ein großes Hindernis dar, da die Lauffähigkeit der Computer, der Programme auf den Computern und das Funktionieren von Peripheriegeräten wie dem Drucker noch nicht erprobt war und die LehrerInnen davon ausgingen, dass es zu Pannen in ihrem Unterricht kommen würde.

Angebot an Lernsoftware

Ein Großteil der befragten LehrerInnen ist sich einig, dass das Angebot an vorhandener Lernsoftware für die eigenen Fächer und die Zielgruppe nicht ausreicht bzw. gar nicht vorhanden ist. Manche Fächer sind davon stärker betroffen (Naturwissenschaften und Gesellschaftskunde), wie die folgenden zwei Zitate belegen: *„Ich habe für meine Fächer [Naturwissenschaften] nicht viel. Ein Programm hat zum Beispiel zu viel Text“*; *„Ich habe keine passende Lernsoftware für meine Fächer [Gesellschaftskunde].“*

Selbst wenn Lernsoftware für das Fach und das Unterrichtsthema vorhanden sind (in Mathematik und in Deutsch), stellt sich folgendes Problem: *„Die Aufmachung [der Lernsoftware] ist nicht klientelorientiert. Ich kann den jungen Erwachsenen nicht mit den Aufmachungen für Grundschüler kommen.“* Da die Teilnehmer der hier untersuchten Bildungsmaßnahmen häufig über Defizite in der Allgemeinbildung verfügen, müssen 19-20-Jährige Stoff der 5. – 7. Schulklasse lernen. Die auf dem Markt verfügbare Lernsoftware richtet sich in ihrer Gestaltung nach dem Alter dieser Lerngruppe: Lernende werden in der Regel geduzt und die Animationen sind „kindgerecht". Die jungen Erwachsenen reagieren darauf, laut den Aussagen der LehrerInnen, gekränkt und weigern sich teilweise, damit zu arbeiten.

Ressourcen fehlen auf Seiten der LehrerInnen

Einige der befragten LehrerInnen berichten selbstkritisch, dass die eigenen Fähigkeiten im Umgang mit der Technik nicht so gut sind. Dies führt zu einer Unsicherheit, die noch dadurch verstärkt wird, dass die Lehrenden glauben, dass die Schüler mehr wissen: *„...aber wenn dann 12 Schüler vor einem sitzen und man denkt immer, sie sind eigentlich viel weiter [gemeint ist die Fähigkeit, mit dem Computer umzugehen] und unsereins ist erst am Anfang,[man denkt] ich könnte ja was verstellen... ich denke, da ist einfach die Angst da, dass man sich vor den Schülern ein bisschen blamiert oder so was."*

Noch häufiger nennen Lehrende das Problem, dass sie beruflich stark eingespannt sind und neben dem Unterrichten und der Unterrichtsvor- und Nachbereitung weitere Aufgaben, z. B. organisatorischer Art, haben. Eine Lehrerin sagte: *„Ehrlich gesagt, habe ich wenig Zeit dazu [nach Lernsoftware Ausschau halten], ich habe ja noch anderes in der Schule zu tun, so dass ich nicht immer die Zeit habe, mich noch nach Software zu informieren."* Nicht nur das Informieren über eventuell geeignete Lernsoftware stellt das Problem dar; vor allem das Sichten und Durchgehen der Lernsoftware gilt als sehr zeitaufwändig.

Fähigkeiten auf Seiten der Schüler fehlen

Ob Lernsoftware für die Zielgruppe geeignet ist, ist eine der zentralen Fragen des Teilprojekts. Tatsächlich nennen viele LehrerInnen Schwierigkeiten beim Einsatz von Lernsoftware, die daher rühren, dass der als benachteiligt geltenden Lerngruppe bestimmte Fähigkeiten fehlen. Durch den Einsatz des Computers ist es dem Lehrenden im Vergleich zum „konventionellen" Unterricht erschwert, ungünstiges Lernverhalten zu entdecken und zu korrigieren. Das folgende Zitat beleuchtet ein typisches Lernverhalten der Zielgruppe: *„Ich habe festgestellt, dass viele Schüler nur noch die Bilder angucken, nicht mehr lesen, nicht selten genau genug, wenn man nicht darauf hinweist, dass sie sich die Aufgabe durchlesen sollen, sonst würden sie oberflächlich arbeiten."*

Ein weiteres typisches Defizit ist die fehlende Ausdauer und die leichte Ablenkbarkeit der Schüler: *„Die Schüler müssen bei der Lernsoftware ja auch zuhören, bei den Ansagen, da redet einer und da müssen sie zuhören. Diese Ansage dauert recht lange und bei unseren Schülern ist das sowieso das Problem, lange zuzuhören und sich das genau anzuhören, das können sie nicht [...] das* *längere Zuhören macht ihnen keine Freude.[...] Wenn sie alleine sitzen würden, würden sie das vielleicht noch aushalten, wenn sie nicht gestört würden vom Nachbarn. "*

Ein anderer Lehrer führt aus: *„Wenn Probleme anstehen [wenn der Computer eingesetzt wird], sind die Schüler sehr ungeduldig. Sie können teilweise nicht warten, bis man da ist. Und da ich 12 Leute im Kurs habe und der Raum sehr eng ist, müssen sie manchmal ein bisschen warten. Und da gibt es dann die Probleme. "*

Das von den LehrerInnen beschriebene Lernverhalten der Jugendlichen – sie lesen Aufgabenstellungen oberflächlich, sind leicht ablenkbar, schnell ungeduldig und besitzen eine geringe Frustrationstoleranz – macht deutlich, dass Unterricht mit solchen Lerngruppen häufig ein flexibles und individuelles Eingehen auf die Bedürfnisse erfordert. Ein Lehrender kann – anders als ein Lernprogramm – erkennen, inwieweit der Schüler sich gerade bemüht und anstrengt. Dementsprechend kann die Lehrkraft entscheiden, welche Art von Unterstützung der Lernende gerade braucht, wenn er auf Probleme trifft – manchmal ist eine konkrete Hilfestellung angemessen, ein anderes Mal braucht der Schüler eher eine Zwischenmotivation und kann dann alleine weiter arbeiten. Ein Lernsoftwareprogramm kann dagegen weniger gezielt auf die Bedürfnisse des Schülers eingehen. Andersherum ausgedrückt, fehlen den Schülern grundlegende Fähigkeiten, die als erforderlich zur Nutzung von Lernsoftware angesehen werden. Dies stellt in den Augen einiger LehrerInnen ein Hindernis für den Einsatz von Lernsoftware dar.

Organisatorische Rahmenbedingungen

Mehr als die Hälfte der LehrerInnen hat neben den technischen Rahmenbedingungen weitere Hindernisse für den Einsatz von Lernsoftware angegeben, die wir unter der Kategorie „organisatorische Rahmenbedingungen" zusammengefasst haben. Die LehrerInnen verweisen beispielsweise auf die Unterrichtszeit, diese kann pro Woche zu kurz sein *("Wenn ich nur zwei Stunden Deutsch unterrichte, ist das umständlich, den Raum zu wechseln, dann habe ich zu wenig Unterrichtszeit.")* Oder der Unterricht war zum Zeitpunkt des Interviews noch nicht weit genug fortgeschritten: *„Ich unterrichte diese Klasse erst seit einer Woche [Deutsch für Ausländer]. "* Die LehrerInnen müssen zum einen die Schülergruppe kennen und einschätzen können, zum anderen brauchen die Teilnehmer Grundlagen, die erst erarbeitet werden müssen. Die Lehrerin berichtete weiter: *„... und wir haben jetzt fünf Buchstaben [...] also die brauchen erst mal Grundvoraussetzungen [z. B. Kenntnisse der Buchstaben, damit sie die Tastatur bedienen können]. "*

Andere Lehrende sind der Meinung, dass ihre Lerngruppe erst den Umgang mit Computern erlernen muss: *„Ich unterrichte Arbeitstherapeutische Maßnahmen, da muss ich erst die Grundlagen schaffen [damit die Schüler mit einem Computer umgehen können]. "*

Neben der Unterrichtszeit kann auch die Belegung und Abstimmung über die Belegung des Computerraumes zu Schwierigkeiten führen: *„Wenn der Computerraum häufig belegt ist und man muss sich dann abstimmen, dadurch ist man eingeschränkt."* Der Unterricht muss längerfristig geplant werden, ein Umstand, den die LehrerInnen als zu unflexibel empfinden.

Einschränkung des sozialen Bereiches

Einige LehrerInnen berichten, dass die Schüler statt eines konventionellen Unterrichts lieber mit Lernsoftware arbeiten. Grund dafür ist, dass die Schüler sich im „normalen" Unterricht mit dem Lehrenden auseinandersetzen müssen, was beim Arbeiten am Computer entfällt oder reduziert ist. Dies wird kritisch gesehen, da die Zielgruppe auch im sozialen Bereich über Defizite verfügt: *„Selbstständiges Arbeiten gut und schön, aber mit anderen Menschen kommen die Jugendlichen nicht klar. Wenn sie alleine am PC sitzen, können sie dicht machen und der PC meldet sich nur und spricht nur, wenn sie etwas falsch machen; so setzen sie sich nicht mit Menschen auseinander [...] und ich bin der Meinung, dass die Schüler eher soziale und kommunikative Qualifikationen brauchen und lernen sollten."*

In den Augen der LehrerInnen soll deswegen nicht ausschließlich oder sehr häufig mit Lernsoftware gearbeitet werden, sondern nur dann *„wenn es passt"*. So kann sichergestellt werden, dass genügend Zeit für Unterricht bleibt, in dem in direkter Auseinandersetzung mit Menschen gelernt wird und das soziale Lernen nicht zu kurz kommt.

Verschiedene Phasen der Auseinandersetzung mit Lernsoftware

Wie anfangs beschrieben, unterscheiden sich die befragten LehrerInnen darin, wie häufig sie Lernsoftware in ihrem Unterricht einsetzen. Manche nutzen Lernsoftware kaum, andere regelmäßig. Uns interessierte, worin sich die LehrerInnen – abgesehen von der Häufigkeit mit Lernsoftware zu unterrichten – noch unterscheiden.

Wir führten eine weitere Inhaltsanalyse durch und teilten die LehrerInnen in drei Gruppen ein, je nachdem wie häufig Lernsoftware im Unterricht eingesetzt wird.

Die drei Phasen:

- Phase I: In Betracht ziehen und erwägen: Das Thema „Lernsoftware im Unterricht" wird ängstlich oder zögerlich angegangen, vorherrschend ist eine mentale Auseinandersetzung

- Phase II: Ausprobieren: Erste Stunden werden probeweise mit Lernsoftware abgehalten

- Phase III: Routiniertes Einsetzen: Lernsoftware wird regelmäßig und gezielt eingesetzt

Die LehrerInnen unserer Studie verteilen sich in ungefähr gleichen Anteilen auf die einzelnen Phasen.

Wir wählten den Ausdruck „Phasen" statt Gruppen, da der Einsatz von Lernsoftware von Phase zu Phase zunimmt. Dies bedeutet jedoch nicht, dass unsere Studie eindeutige Hinweise darauf gibt, dass LehrerInnen – quasi gesetzmäßig – von einer Phase in die andere übergehen.

Außerdem ist unsere Untersuchungsstichprobe mit zehn LehrerInnen relativ klein und unsere Thesen sind als Diskussionsanregung zu verstehen; weitere Studien sollten die Annahmen überprüfen.

Wie lassen sich die einzelnen Phasen genauer charakterisieren? Im Folgenden werden die jeweils spezifischen Einstellungen und Verhaltensweisen geschildert.

Phase I: In Betracht ziehen und erwägen

Bei LehrerInnen der Phase I, die den Einsatz von Lernsoftware nur planen, überwiegen die Nennungen mit den Hindernissen deutlich, Vorteile werden dagegen kaum gesehen. Das Motto dieser Gruppe könnte sein: *„Wie soll ich das machen?"*. Die Hindernisse sind vielfältig und decken die ersten fünf in der Tabelle 1 genannten Kategorien ab. Häufig werden gleich mehrere Beispiele in einer Kategorie genannt.

Mit Ausnahme eines Lehrenden setzen jedoch alle befragten LehrerInnen aus dieser Phase den Computer im Unterricht ein – allerdings bevorzugen sie, mit Anwendungssoftware zu arbeiten (MS Word, MS Power Point). Hier berichten die LehrerInnen von guten Erfahrungen und Vorteilen gegenüber einem Unterricht ohne Computer.

Phase II: Ausprobieren

LehrerInnen der Phase II sehen ebenso viele Vorteile wie Hindernisse. Als Motto für diese Gruppe LehrerInnen gilt *„Ich will ja, aber ... "*.

Die LehrerInnen sind der Auffassung, eine ganze Reihe von Voraussetzungen müsste gegeben sein, damit der Einsatz von Lernsoftware sinnvoll ist. Bei den ersten Erprobungen im Unterricht treffen sie auf Widerstände, die ihnen zeigen, dass keine optimalen Voraussetzungen herrschen: Zum Beispiel laufen die Programme über das Netzwerk relativ langsam und das Verhalten der Schüler (wenig Ausdauer und Geduld) erzeugt Probleme.

Diese Hindernisse oder Nachteile werden nicht durch Vorteile so weit aufgewogen, dass der Unterrichtseinsatz die Mühe lohnt. Ein typischer Vorteil, der von LehrerInnen dieser Phase gesehen wird, ist der, dass Lernsoftware ein „Helfer" bei der eigenen

Arbeit sein kann: Beispielsweise kann die Software den Lernstoff anschaulicher vermitteln (dank multimedialer Unterstützung), sie gibt sehr einfache Erläuterungen und sie erhöht die Motivation der Schüler.

Unterricht im PC-Raum mit Lernsoftware bedeutet für LehrerInnen der Phase II eine relativ große Anstrengung; trotz des Aufwandes verläuft der Unterricht jedoch nicht so gut wie erwartet. Die möglichen Vorteile sind sehr „fragil", sie können sehr schnell verhindert werden. Funktionieren beispielsweise am Anfang der Stunde die Lernsoftwareprogramme nicht sofort auf allen Computern, entsteht so viel Unruhe, dass die gesamte restliche Unterrichtsstunde darunter leidet.

LehrerInnen aus der zweiten Phase setzen ebenfalls gerne – und teilweise lieber – die Anwendungsprogramme von MS Office ein (MS Word oder MS Power Point). Hier fühlen sie sich sicherer, sowohl was die eigene Kompetenz als auch was die technisch einwandfreie Verfügbarkeit angeht.

Phase III: Routiniertes Einsetzen

LehrerInnen, die sich in der Phase III befinden, sehen hauptsächlich Vorteile im Einsatz von Lernsoftware. Ihre Einstellung lässt sich mit dem Motto *„Es lohnt sich"* beschreiben. Hindernisse sind ihnen zwar auch bekannt, aber sie kennen Lösungsstrategien, um sie zu umgehen. Steht ihnen zum Beispiel nur ein Rechner für jeweils zwei Schüler zur Verfügung, richten sie einen Teilungsunterricht ein: Die eine Hälfte der Klasse arbeitet am PC, die andere Hälfte wird von einem Vollzugsbeamten beaufsichtigt und erledigt Aufgaben auf dem Papier. Um zu vermeiden, dass bei der Arbeit am Computer das soziale Lernen zu kurz kommt, wird in Zweier- oder Kleingruppen gearbeitet.

Für zwei Hindernisse sehen jedoch auch LehrerInnen aus der dritten Gruppe keine Lösungen: Es gibt zu wenig gute und geeignete Lernsoftware auf dem Markt; wenn sie inhaltlich passend und methodisch-didaktisch überzeugend ist, ist die Gestaltung nicht für junge Erwachsene geeignet.

Die folgende Grafik veranschaulicht die These, dass Lehrende bei ihrer Auseinandersetzung mit Lernsoftware in verschiedene Phasen eingeteilt werden

können, welche sich darin unterscheiden, wie viele Vorteile bzw. Hindernisse wahrgenommen werden.

Grafik 1: Verschiedene Phasen der Auseinandersetzung mit Lernsoftware

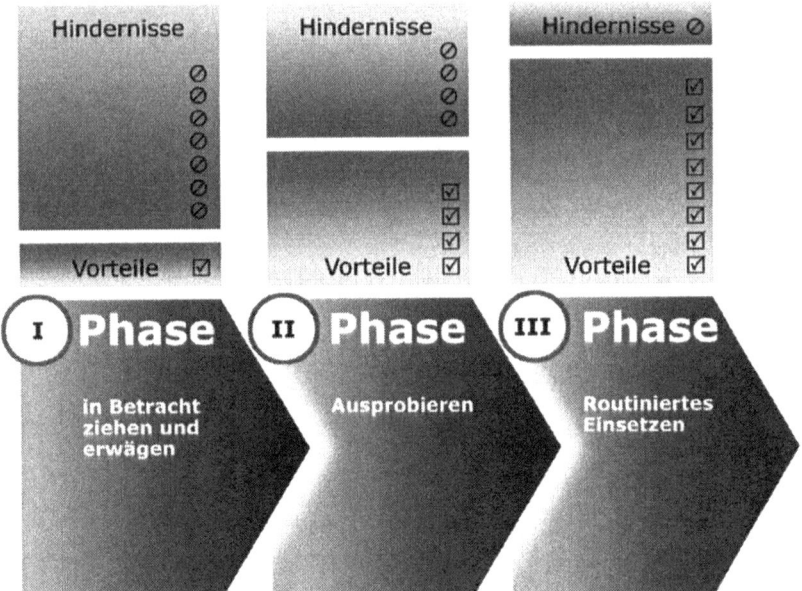

Zunehmende Kompetenzen der Lehrkräfte

Die von uns befragten LehrerInnen aus den drei Phasen benannten zwar durchaus Vorteile oder Hindernisse aus den gleichen Kategorien, jedoch unterschieden sie sich deutlich darin, wie häufig sie Vorteile bzw. Hindernisse thematisierten.

Wir nutzten insbesondere die detaillierten Beschreibungen einer typischen Unterrichtsstunde, um weitere Unterschiede zwischen „Anfängern" und „Fortgeschrittenen" zu finden. Anhand der inhaltsanalytischen Bearbeitung der Daten konnten wir vier Aspekte ableiten, die LehrerInnen auszeichnen, die Lernsoftware gerne und häufig im Unterricht einsetzen.

Risikobereitschaft

Was empfehlen erfahrene LehrerInnen ihren KollegInnen? Die LehrerInnen, die bereits routiniert Lernsoftware einsetzen, raten weniger erfahrenen Lehrkräften, ihre Angst und Hemmungen zu überwinden. (*„Man muss sich rantrauen, die Angst überwinden und es häufiger machen. In den ersten Stunden lief es vielleicht nicht immer so [gut], aber wenn man*

136

das häufiger macht, dann weiß man genau, worauf man hinaus will." „Trauen Sie sich, auch wenn es mehr Arbeit macht.") Die technische Kompetenz im Umgang mit dem Computer ist also nicht unbedingt höher, jedoch haben die LehrerInnen aus der Phase III den Mut, einen veränderten Unterricht durchzuführen.

Ein Lehrer aus der Phase III schildert, wie er neue Lernsoftware, die er zum ersten Mal einsetzt, an der Zielgruppe „testen" muss. Trotz umfangreicher Erfahrung mit anderer Lernsoftware lässt sich nie genau vorhersagen, wie Lernsoftware bei den Lernenden ankommt und ob sich der Unterricht so gestalten lässt wie vorgesehen.

LehrerInnen müssen also beim Medium Lernsoftware stets eine Risikobereitschaft mitbringen: Eventuell scheitert das eigene Unterrichtskonzept und muss im Unterricht flexibel verändert und angepasst werden. Es geht nicht nur darum, Unsicherheiten mit der Zeit abzubauen, sondern sie auszuhalten. Eventuell erfordert der Unterrichtseinsatz von Anwendungssoftware (MS Word, MS Power Point) weniger Risikobereitschaft, da die Programme in der Regel stabil laufen. Zudem sind die Möglichkeiten dieser „Werkzeuge" den Lehrenden besser bekannt bzw. sie bleiben invariant. Im Vergleich dazu muss man sich in jede Lernsoftware neu einarbeiten.

Lösungsorientierung

Auffällig ist, dass LehrerInnen aus der dritten Phase bei einigen Hindernissen, die sie nannten, zusätzlich schildern, wie sie diese umgehen oder vermeiden. Sie beschreiben sich selbst als LehrerInnen, die in den letzten Jahren einen Lernprozess vollzogen haben. Zwei LehrerInnen meinen in Bezug auf Einsatz von Lernsoftware: *„Je häufiger man sie einsetzt, desto sicherer wird man...".*

Wie bereits oben beschrieben, gehen LehrerInnen aus Phase III kreativ mit Einschränkungen um: Wenn nur ein Rechner für je zwei Schüler zur Verfügung steht, wird die Klasse geteilt; wenn die Arbeit am Computer das soziale Lernen zu sehr in den Hintergrund rückt, werden Partner- oder Gruppenarbeiten integriert.

Methodisch-didaktisch vielfältiger Einsatz der Lernsoftware

Die LehrerInnen der dritten Phase führen auf die Frage „Wozu setzen Sie Lernsoftware ein?" mehrere Möglichkeiten an. Sie nutzen Lernsoftware nicht nur zum Üben und Wiederholen von Unterrichtsstoff, sondern auch zur Einführung eines Unterrichtsthemas. Zwei sehr verschiedene Ziele werden mit ein und demselben Lernsoftwareprogramm erreicht. So dient die Lernsoftware nicht nur selbst als Variation im Methodenrepertoire der Lehrenden, sondern wird auch abwechslungsreich eingesetzt. Lernsoftware wird jedoch nicht als „Unterrichtsersatz" oder „zum Spielen" verwendet, sondern dient pädagogischen Zwecken.

Einsatz der Lernsoftware folgt pädagogischen Überlegungen

Die Vorteile, die den LehrerInnen der Phase III einfallen und die Art, wie sie ihren Unterricht beschreiben, zeigen, dass die Lernsoftware gezielt eingesetzt wird, beispielsweise um das selbstständige Arbeiten der Schüler zu fördern oder die Schüler zu motivieren.

Die Schilderungen der Unterrichtsstunden, in denen Lernsoftware eingesetzt wurde, weisen andererseits auch darauf hin, wie sich selbst die erfahreneren LehrerInnen mit einer veränderten Rolle zurechtfinden müssen. Der Computer und der dazugehörige Monitor stehen quasi zwischen Lehrendem und Lernendem, der Schüler kann sich dem Lehrer leichter entziehen. Zudem wird die Steuerung der Lerngruppe für den Lehrer schwieriger – oder zumindest anders – , wenn aufgrund der Binnendifferenzierung die Schüler an verschiedenen Aufgaben arbeiten oder sich in einer Aufgabe an unterschiedlichen Stellen befinden; treten Fragen auf, ist es nur selten sinnvoll, sie für die gesamte Klasse zu besprechen. Der Einfluss des Lehrenden auf das Unterrichtsgeschehen der Klasse verändert sich. Aus den Interviews erfahren wir, dass man sich darauf einstellen kann und eventuell neue Wege der Einflussnahme gehen kann:

- Besprechung und Festlegung der Ziele mit den Schülern zu Beginn der Stunde

- gezieltes Nachfragen durch die Lehrenden, ob die Aufgaben von den Schülern verstanden wurden

- Abwechslung zwischen Übungsphasen und anderen Lernphasen, d. h. Rhythmisieren des Unterrichts (nicht die gesamte Stunde oder Doppelstunde wird einzeln an Aufgaben der Lernsoftware gearbeitet), dadurch Vermeidung von Überforderung oder Eintönigkeit

- nicht nur vereinzeltes Arbeiten mit dem Computer, sondern auch Lehrer- oder Schülerdemonstrationen für die gesamte Lerngruppe über den Beamer

- Nutzung der Software „Master Eye", die es erlaubt vom Lehrer-Rechner aus die Bildschirme der Schüler zu sehen, Nachrichten zu schreiben und den Rechner des Schülers gegebenenfalls „fernzusteuern"

- gezielter Einsatz von Aufgaben am Computer, die (nebenbei) die Sozialkompetenz fordern und fördern (Kleingruppenarbeit etc.)

- gezielte Binnendifferenzierung d. h. begründete Auswahl aus der gut gesichteten Lernsoftware; nicht für alle Schüler ist alles gleich gut geeignet, viel mehr muss der Lehrende einschätzen, wie weit der Teilnehmer selbstständig arbeiten kann und wie weit er alleine mit dem Rechner umgehen kann (*„Es ist meine pädagogisch-methodische Frage, wie lasse ich den Einzelnen mit der Lernsoftware arbeiten?"*).

Fazit und Empfehlungen

Lehrkräfte sind die zentralen Figuren, die den Einsatz von Lernsoftware planen und ausführen. Von ihren Einstellungen und Erfahrungen hängt es ab, ob Lernsoftware im Unterricht eingesetzt wird und auch wie sie eingesetzt wird. Nach Ansicht der von uns befragten LehrerInnen ist es sinnvoll, Lernsoftware für die Zielgruppe jugendlicher und junger erwachsener Strafgefangenen einzusetzen.

Jedoch stehen insbesondere zwei Hindernisse einem häufigeren Einsatz von Lernsoftware entgegen; diese können auch durch das Engagement von Lehrenden selbst nicht abgebaut werden.

- Es gibt für bestimmte Fächer kein interessantes Angebot an Lernsoftware für die Zielgruppe (z. B. Naturwissenschaften und Gesellschaftskunde; auch in Mathematik und Deutsch könnte das Angebot vielfältiger und breiter sein).

- Die kindliche Aufmachung der Inhalte wird von den jungen Erwachsenen als demütigend und herabsetzend empfunden; mit solcher Software wird nicht gerne gearbeitet oder sie wird offen abgelehnt.

Der zweite Punkt ist insbesondere deshalb bedauerlich, weil die von verschiedenen Seiten beschriebenen Erfahrungen, wie günstig sich der Computer auf das Selbstbewusstsein von KursteilnehmerInnen auswirken kann (siehe Matt, Kapitel 3 und Förg, Kapitel 5) auf diese Weise verhindert werden.

Eine Einteilung der befragen LehrerInnen in verschiedene Gruppen konnte zeigen, worin sich LehrerInnen, die Lernsoftware häufig und regelmäßig einsetzen, von Wenig-NutzerInnen unterscheiden. Der Unterricht erfahrener LehrerInnen mit Lernsoftware lässt sich so beschreiben:

- Die LehrerInnen kennen die eingesetzte Lernsoftware sehr genau, können Aufgaben gezielt auswählen und auch Fragen zur Bedienung der Programme beantworten.

- Sie kennen die auftretenden Probleme und können proaktiv gegensteuern. Beispielsweise besitzen nicht alle Schüler gute oder ausreichende Kenntnisse im Umgang mit Computern. Es wird vorab vereinbart, dass die Schüler sich auch an versiertere Mitschüler wenden können, falls sie auf Probleme stoßen. Der Lehrende wird so entlastet und die soziale Interaktion zwischen den Schülern gefördert.

- Sie setzen die von ihnen wahrgenommenen positiven Effekte, die der Einsatz von Lernsoftware mit sich bringen kann, gezielt ein. So nehmen sie z. B. ihre Rolle als

Lehrer, der doziert und bewertet, bewusst zurück und lassen Fehlerrückmeldungen an die Schüler durch den neutralen Computer geben.

Die Entwicklung von geeigneter Lernsoftware vorantreiben

Eines der größten Hindernisse, die einem häufigeren Einsatz von Lernsoftware entgegenstehen, ist die mangelnde Verfügbarkeit passender Programme. Innerhalb von e-LiS wurden bereits umfangreiche Marktanalysen durchgeführt (auch auf dem so genannten „grauen" Markt) und passende Lernsoftware an die Brandenburger LehrerInnen weitergereicht; trotzdem empfinden die LehrerInnen die Auswahl als zu gering.

Es ist also notwendig, Wege zu finden, die Entwicklung von Lernsoftware für diesen Bereich anzustoßen. Die Möglichkeit, die Lehrenden selbst als AutorInnen interaktiver Lernprogramme zu unterstützen, stößt aus zwei Gründen schnell an Grenzen: Zum einen verfügen die meisten LehrerInnen nicht über das notwendige Know-how für die Nutzung von Autorenprogrammen oder gar über Programmierkenntnisse. Zum zweiten fehlt es den LehrerInnen für solche Aufgaben an Zeit.

Sinnvoller wäre es, die Entwicklung nach außen zu geben und entsprechende Finanzierungsmodelle für diese Variante zu entwickeln.

LehrerInnen „phasenspezifisch" fortbilden und unterstützen

Diese Studie hat gezeigt, dass LehrerInnen durchaus unterschiedliche Einstellungen und dementsprechend auch Herangehensweisen besitzen, Lernsoftware in den eigenen Unterricht zu integrieren. Wenn Fortbildungen und Beratungen für die LehrerInnen den jeweiligen Bedürfnissen passgenau entsprechen, besteht eine größere Chance, dass diese Angebote als hilfreich angesehen werden. Es ist empfehlenswert, zu untersuchen, in welchen Phasen LehrerInnen sich befinden, um das Angebot darauf abstimmen zu können.

Folgende spezifischen Angebote für die unterschiedlichen Phasen sind denkbar:

Phase I: In der Anfangsphase der Beschäftigung mit Lernsoftware könnten die LehrerInnen ermuntert werden, Lernsoftware in ihrem Unterricht probeweise einzusetzen. Möglichst konkrete Handlungsvorschläge für Unterrichtsstunden sollten ihnen an die Hand gegeben werden, da Ideen häufig noch gar nicht vorhanden oder wenig ausgearbeitet sind. Vielmehr überwiegt bei diesen Lehrkräften die Wahrnehmung von Problemen; diese sollten ernst genommen und durch konkrete Hilfestellungen gelöst werden. Auf Wunsch ließe sich „Teamteaching" durchführen, d. h. eine zweite medienpädagogisch geschulte Lehrkraft unterstützt den Lehrenden. Die Betreuung der „technischen Seite" im Unterricht könnte die LehrerInnen stark entlasten und den

Blick auf die Möglichkeiten der Neuen Medien lenken. Vorteile der Neuen Medien und der Umgang mit auftretenden Problemen wären Themen für Nachbesprechungen solcher Unterrichtsstunden im Team.

Phase II: LehrerInnen, die bereits Lernsoftware eingesetzt haben, könnten weiter in diese Richtung ermuntert werden. Empfehlungen von bestimmten Lernsoftwareprogrammen und Fortbildungen, die ihnen Gelegenheit bieten, sich Lernsoftware anzuschauen, würden diesen LehrerInnen entgegenkommen. Ein Erfahrungsaustausch über die gesichteten Lernsoftwareprogramme könnte weiter anregend wirken und die LehrerInnen zu neuen Ideen zum Unterrichtseinsatz inspirieren. Positive wie negative Erfahrungen sollten ebenfalls zum Thema werden. Der Austausch und die Diskussion könnten Ideen für die Überwindung der Hindernisse hervorbringen.

Phase III: In der Phase, in der LehrerInnen Lernsoftware routiniert einsetzen, könnte ein Erfahrungsaustausch die methodische Vielfalt beim Einsatz von Lernsoftware weiter fördern (z. B. Förderung der Sozialkompetenzen der Schüler beim Einsatz von Lernsoftware). Zudem lassen sich LehrerInnen möglicherweise gerne anregen, eigene Materialien und Unterrichtskonzepte zur Verfügung zu stellen oder so zu überarbeiten, dass andere Lehrende diese nutzen können.

Sowohl für LehrerInnen der Phase I wie der Phase II gilt wahrscheinlich, dass die überwiegend positiven Erfahrungen der weiter fortgeschrittenen LehrerInnen nicht nur ermutigend wirken. Es kann auch abschrecken, vorwiegend Berichte von gelungenem Unterricht zu hören; ein weniger gelungener Unterricht wird schnell der eigenen fehlenden Kompetenz zugeschrieben. Schildern die erfahreneren LehrerInnen kaum Probleme oder Hindernisse, fühlen sich die anderen LehrerInnen mit ihren – subjektiv wahrgenommenen – Problemen nicht ausreichend angesprochen. Wir empfehlen daher eine Binnendifferenzierung bei der Lehrerfortbildung, die auf spezifische Interessen und Bedarfslagen der LehrerInnen eingeht.

Glossar

Asynchrones Lernen: Lernprozesse (besonders Kommunikation und Interaktion zwischen Lehrenden und Lernenden) finden im Gegensatz zum **synchronen Lernen** zeitlich versetzt statt.

Behaviorismus (engl.: behavior=Verhalten): Hierbei handelt es sich um einen lernpsychologischen Ansatz. Grundlegend für diesen Ansatz ist die Annahme, dass Lernen aus einer Verknüpfung von Reizen und Reaktionen besteht. Das Gehirn gilt als „Black Box", der Behaviorismus verzichtet auf die Feststellung kognitiver Prozesse.

Blended Learning: Lehr-/Lernkonzepte, die eine didaktisch sinnvolle Verknüpfung von Präsenzelementen mit Online-Elementen anstreben (auch hybrides Lernen genannt).

Chat (engl.: schwätzen, sich unterhalten): Quasi-synchrone „Unterhaltung" per Tastatur von Rechner zu Rechner. An einem Chat können sich mehrere Teilnehmer beteiligen. Chats werden gerne auf **Lernplattformen** eingesetzt.

CMC (Computer Mediated Communication): Eine medienvermittelte Kommunikationsform im Unterschied zur **Face-to-Face-Kommunikation**. Als Medium wird hier der Computer verstanden.

CBT (Computer Based Training): Eine **Lernumgebung**, bei der der Zugriff auf Lerninhalte über lokale Medien (Festplatte, CD-ROM) erfolgt, im Gegensatz zu **webbasierten Trainings (WBT)**.

Didaktisches Design: Die Planung, Gestaltung und Umsetzung von (multimedialen) Lernangeboten bis hin zu Qualitätssicherung und Evaluation. Im engeren Sinn ist damit häufig nur die Gestaltung der Benutzeroberfläche gemeint.

Drill-&-Practice-Programme: Lernprogramme, die das Verfestigen von Lerninhalten und das Trainieren von Fähigkeiten in den Vordergrund stellen. Sie basieren auf Lernkonzepten des **Behaviorismus**.

ECDL: Die „European Computer Driving Licence", auch „Europäischer Computerführerschein" genannt, ist ein Zertifikat, das einheitlich für Europa ein bestimmtes Kompetenzniveau im Umgang mit dem PC bescheinigt. Der ECDL besteht aus sieben Modulen: Grundlagen der Informationstechnik, Computernutzung und Dateimanagement, Textverarbeitung, Tabellenkalkulation, Datenbank, Präsentation, Information und Kommunikation (Internet + E-Mail).

Einseitiger Test: Modell zur Überprüfung einer **Hypothese** in Form eines statistischen **Signifikanztests**. Man versteht darunter Hypothesen, welche eine bestimmte Richtung eines Zusammenhangs oder Unterschieds vorhersagen. Eine einseitige Hypothese wäre beispielsweise: Koedukation führt zu schlechteren Noten für Mädchen.

Empowerment (engl.: Ermächtigung): Bezeichnung für den Prozess der „Selbstbemächtigung". Daneben auch gebräuchlich für die professionelle Unterstützung von Menschen, ihre Gestaltungsspielräume und Ressourcen wahrzunehmen und zu nutzen. Empowerment ist eine wichtige Anforderung an EQUAL-Projekte.

Entwicklungspartnerschaft: Von der Gemeinschaftsinitiative EQUAL geförderte Projektverbünde, die unter dem Dach einer Kooperationsvereinbarung eine gemeinsame Zielsetzung mit einem definierten Arbeitsplan verfolgen. Dieser zielgerichtete Zusammenschluss verschiedener Träger aus Zielgruppenvertretungen, Sozialpartnern, Wissenschaft, Unternehmen und arbeitsmarktpolitischen Institutionen entwickelt eine gemeinsame Strategie gegen Diskriminierungen und Ungleichheiten auf dem Arbeitsmarkt.

Experiment: Wissenschaftliche Methode, um bestimmte Sachverhalte und ihre Veränderungen unter kontrollierten und variierbaren Bedingungen planmäßig beobachten zu können. Wesentliche Kriterien sind willkürliche Herstellbarkeit der experimentellen Situation durch Manipulation oder Variation der unabhängigen **Variablen**, die Wiederholbarkeit der Durchführung sowie die Variierbarkeit der experimentellen Bedingungen.

FAQ: Abkürzung für „Frequently Asked Questions" meint eine Sammlung an Fragen und Antworten zu den am häufigsten gestellten Fragen zu einem bestimmten Thema bzw. Bereich, die auf Webseiten oder in Handbüchern veröffentlicht wird. Das Ziel der Bereitstellung von FAQs ist einerseits, den BenutzerInnen schnell eine Antwort zu bieten, und andererseits, TutorInnen und Lehrende zu entlasten.

Foren: (Elektronische) **virtuelle** Räume, in denen Personen und Gruppen sich und ihre Handlungen sichtbar machen können. Dies geschieht über das Hinterlegen von Profilen, Texten, Bildern, Video- und Audiodateien. Konkrete Beispiele elektronischer Foren sind u. a. Diskussionsforen, **Chats**, Gästebücher, wobei Hauptunterscheidungsmerkmale der Kommunikationszweck, die Kommunikationsform bzw. die Strukturierung der Information sind.

FTF-Kommunikation (Face-to-Face-Kommunikation): Reale, nicht durch elektronische Medien vermittelte Kommunikation „von Angesicht zu Angesicht"; sie ist das Gegenteil von **CMC (Computer Mediated Communication).**

Geschlossene Frage: Frageart mit vorgegebenen Auswahlantworten.

Halbstandardisiertes Interview: siehe **Interview.**

Hypothese (griech.: Vermutung, Unterstellung): Eine zunächst unbewiesene Annahme von Gesetzmäßigkeiten oder Tatsachen. Eine Hypothese wird mit dem Ziel aufgestellt, sie durch wissenschaftliche Methoden zu belegen (verifizieren) bzw. zu widerlegen (falsifizieren).

Informelles Lernen: Lernen, das nicht zu anerkannten Abschlüssen und Zertifikaten führt, gleichgültig, ob selbst- oder fremdorganisiert. Im Gegensatz dazu existiert das Formale Lernen, welches institutionell geprägt und planmäßig strukturiert ist und mit anerkannten Zertifikaten abschließt.

Inhaltsanalyse: Methode der Datenauswertung, bei der Inhalte von Kommunikation (also Texte, aber auch Multimedia-Inhalte) wissenschaftlich systematisch ausgewertet werden. Das entsprechende Material wird dabei nach einem (wissenschaftlich) begründbaren Schema codiert. Die vorhandene Komplexität des Textes wird so reduziert.

Intranet: Internes Netzwerk in Organisationen und Unternehmen, das nur für deren Mitglieder zugänglich ist.

Interaktivität: Umfassender Begriff für solche Eigenschaften eines Computersystems, die den BenutzerInnen Eingriffs- und Steuermöglichkeiten eröffnen.

Interview: Methode der empirischen Sozialforschung zur Erhebung von Daten, bei der ein Interviewer in direktem Kontakt mit einer zu interviewenden Person mündlich Fragen stellt, um in kontrollierter Weise Informationen zu bekommen. Man unterscheidet Interviews u. a. nach dem Grad der Standardisierung und der Zielsetzung. Bei einem **halbstandardisiertes** Interview enthält die Interviewanweisung eine Liste von Themen, Gegenständen und Fragevorschlägen, die vom Interviewer im Verlauf des Interviews zu behandeln sind. Die Interviewanweisung lässt Spielraum für Ergänzungen, die sich während des Interviews ergeben.

Kognitivismus: Theoretischer Ansatz der Psychologie, der sich aus dem **Behaviorismus** entwickelt hat. Er betrachtet innerpsychische Vorgänge als Informationsverarbeitungsprozesse, mit denen sich Prozesse wie Auffassung, Planung, Einsicht und Entscheidungen erklären lassen.

Kooperatives bzw. kollaboratives Lernen: Eine Lernmethode, bei der das Lernen, z. B. das Lösen einer Aufgabe, innerhalb eines (virtuell vernetzten) Teams erfolgt.

Konstruktivismus: Ein lerntheoretischer Ansatz, nach dem das Wissen der Menschen über die Welt keine passive Abbildung objektiver Sachverhalte, sondern das Ergebnis eines subjektiven Konstruktionsprozesses ist. Lernen gilt daher als ein aktiver, konstruktiver und zielorientierter Prozess. Wissen wird konstruktiv erworben, weil Lernende das Neue mit dem Vorwissen verknüpfen müssen, um es richtig zu verstehen. Lernen muss dabei aktiv gestaltet werden, damit die Lernenden Lerngegenstände in sinnvoller Weise aufnehmen.

Korrelation: Statistischer Fachbegriff für „Zusammenhang". Die Größe der Korrelation drückt das Ausmaß des Zusammenhangs zwischen zwei **Variablen** aus und wird als Korrelationskoeffizient gemessen. Dieser kann Werte zwischen minimal -1 und maximal +1 annehmen, wobei -1 einen perfekten negativen und +1 einen perfekten positiven Zusammenhang bezeichnet.

Lernbiographisches Interview: Verfahren zur Erhebung von Erfahrungen, die im Laufe des Lebens beim Lernen gemacht wurden. Siehe auch **Interview**.

Lernplattform: Ein umfassendes Lernangebot, auf das über das Internet oder **Intranet** zugegriffen wird. Dort können Lernende Schulungsunterlagen herunterladen, Diskussions**foren** oder **Chats** besuchen oder **WBTs** bearbeiten.

Lernumgebung: Umgangssprachliche Bezeichnung für die räumlichen, zeitlichen, personellen und instrumentellen Merkmale einer konkreten Situation, in die ein Lernprozess eingebettet ist. Im Zusammenhang mit E-Learning ist damit in der Regel die mit IT-Hilfsmitteln medial gestaltete Lernumgebung gemeint, z. B. eine **Lernplattform**. Sie wird strukturiert durch ein bestimmtes **didaktisches Design**, wird bedingt durch die Leistungsfähigkeit der eingesetzten technischen Mittel und ist u. U. verbunden mit bestimmten personalen Dienstleistungen (z. B. **Teletutoring**).

Mainstreaming: Vervielfachung und Verbreitung von Innovationen. Im Ergebnis des Mainstreaming ist eine zunächst punktuelle Innovation dann zum neuen herrschenden Standard (zum Mainstream) geworden. Mainstreaming ist eine wichtige Anforderung an EQUAL-Projekte.

Modul: Eine in sich abgeschlossene Lerneinheit beim E-Learning.

Multimedia: Integration von mindestens drei verschiedenen digitalen Medienformaten wie Text, Video, Sprache, Grafik, Foto oder Animation in einer Computeranwendung.

Offene Frage: Frage ohne Antwortvorgabe – im Gegensatz zur **geschlossenen Frage**. Bei offenen Fragen ist dadurch die Auswertung aufwändiger.

Open Source (engl.: quelloffen): Begriff für Software, deren Quellcode, d. h. die interne Funktionsbeschreibung, für jeden zum Herunterladen, Verändern und Weiterverteilen kostenlos zur Verfügung steht. Die Entwicklung und Verwaltung der Software wird in der Regel durch eine Gemeinschaft von Entwicklern und Anwendern vorangetrieben, die nicht in erster Linie kommerzielle Interessen verfolgt. Beispiele: Betriebssystem Linux, Office-Paket OpenOffice.

Operationalisierung: Gesamter Prozess der Umsetzung einer Forschungsidee in ein Forschungsdesign. Im engeren Sinne handelt es sich um die Formulierung der (Mess-)Vorschriften, die es erlauben, ein interessierendes Merkmal zu messen, also angemessene Indikatoren für die Erfassung von Merkmalsausprägungen anzugeben.

Präsenzseminar: Kursform, bei welcher Lernende und Lehrende vor Ort anwesend sind.

Programmierter Unterricht oder programmierte Instruktion: Unterrichtsmodell, das auf den Ideen des **Behaviorismus** fußt. Das Konzept beruht auf einer Unterteilung des Lernstoffes in sehr kleine Einzelschritte. Den Lernenden wird erst dann ein neuer Lernstoff präsentiert, wenn sie den vorhergehenden Schritt erfolgreich bewältigt haben.

Rich Media (engl.: reichhaltige Medien): Interaktive (Lern-)Angebote, die dynamisch und lebendig sind. Beispielsweise Diashows oder Videoaufnahmen einer Vorlesung.

Selbstwirksamkeit: Erwartung eigener Handlungswirksamkeit, beispielsweise die Selbsteinschätzung darüber, ob ein Individuum eine bestimmte Aufgabe lösen kann oder nicht.

Signifikanz: Bezeichnung für die Sicherheit oder Wahrscheinlichkeit, mit der angenommen werden kann, dass bestimmte Unterschiede zwischen Stichproben sowie bestimmten Größen (z. B. Korrelationskoeffizienten) nicht zufällig, sondern Kennzeichen der untersuchten Grundgesamtheit sind.

Signifikanzniveau: Gibt an, mit welcher Wahrscheinlichkeit die **Hypothese** nicht zutrifft. Je niedriger das Signifikanzniveau festgelegt wird, umso strenger ist der statistische Test. Je strenger der Test, umso eher kann ausgeschlossen werden, dass das Ergebnis durch Zufall zustande gekommen ist.

Signifikanztest: Ein statistischer Test zur Überprüfung der **Signifikanz.**

Synchrones Lernen: Lernprozesse, und dabei vor allem die Kommunikation und Interaktion zwischen Lehrenden und Lernenden, die zur gleichen Zeit stattfinden. Beispiele: Videokonferenz, **Chat.**

Teilprojekt: Einzelprojekt einer **Entwicklungspartnerschaft.**

Teletutoring: Begleitung von Lernprozessen durch TeletutorInnen. Diese unterstützen die Lernenden in fachlicher, technischer und organisatorischer Hinsicht. Die Betreuung kann **synchron** oder **asynchron** erfolgen und sich dabei unterschiedlicher Medien bedienen: Diskussionsforum, Videokonferenz oder E-Mail.

Transnationale Zusammenarbeit: Die Zusammenarbeit von **Entwicklungspartnerschaften** unterschiedlicher Nationalität. Der Begriff bezieht sich auch auf die kollektive Arbeit der Entwicklungspartnerschaften in thematischen Netzen auf europäischer Ebene. Transnationale Zusammenarbeit ist eines der Grundprinzipien von EQUAL und gilt als Quelle für Anregungen und politische Innovationen.

Transkribieren: Die Verschriftlichung von Tonaufnahmen, in der Regel **Interviews.** Bezeichnung aus den Sozialwissenschaften.

Variable: Ausdruck der Mathematik und Statistik für eine veränderliche Größe, die jeden Wert aus einer Menge von Werten annehmen kann, z. B. die Variable „Ampelfarbe" kann die Variablenwerte „rot, gelb, grün" annehmen.

Virtuell: Bezeichnung für etwas, das nicht real ist, aber so scheint als würde es existieren, z. B. eine dreidimensionale Lernwelt.

WBT (Web Based Training): Abkürzung für eine Lernform, bei der alle Lerninhalte zentral auf einem Webserver abgelegt sind und vom Lernenden – meist nach vorheriger Anmeldung – abgerufen werden können. Der Lernende ist während des gesamten Lernvorgangs mit dem Webserver verbunden.

AutorInnenverzeichnis

Förg Sonja, Dipl.-Sozialwirtin

Wissenschaftliche Mitarbeiterin des IBI – Institut für Bildung in der Informationsgesellschaft, c/o TU Berlin, Franklinstraße 28/29, 10 587 Berlin. E-Mail: foerg@ibi.tu-berlin.de

Prof. Dr. Hendricks, Wilfried

Professor im Institut für Berufliche Bildung und Arbeitslehre, TU Berlin. Wissenschaftlicher Direktor des IBI – Institut für Bildung in der Informationsgesellschaft, c/o TU Berlin, Franklinstraße 28/29, 10 587 Berlin. E-Mail: ibi@ibi.tu-berlin.de

Lang, Birgit, Politologin, M.A.

Medienpädagogin des Berufsfortbildungswerkes (bfw) Berlin-Brandenburg, Klarenbachstraße 1-4, 10 553 Berlin. E-Mail: birgitlang@gmx.de

Dr. Matt, Eduard, Dipl.-Soziologe

Wissenschaftlicher Mitarbeiter des BRESOP e.V. (Bremer Verein zur Förderung der interdisziplinären Zusammenarbeit zwischen Wissenschaft, Praxis und Politik im Bereich sozialer Probleme e.V.), Buntentorsteinweg 501, 28 201 Bremen. E-Mail: ematt@nwn.de

Pfeffer-Hofmann, Christian, M.A. Kommunikationswissenschaften

Wissenschaftlicher Mitarbeiter des IBI – Institut für Bildung in der Informationsgesellschaft, c/o TU Berlin, Franklinstraße 28/29, 10 587 Berlin. E-Mail: pfeffer@ibi.tu-berlin.de

Schnetter, Karoline, Dipl.-Psychologin

Wissenschaftliche Mitarbeiterin des IBI – Institut für Bildung in der Informationsgesellschaft, c/o TU Berlin, Franklinstraße 28/29, 10 587 Berlin. E-Mail: schnetter@ibi.tu-berlin.de

Sorger, Claudia, Mag. Soziologin

Wissenschaftliche Mitarbeiterin des Instituts L&R Sozialforschung in Wien/Österreich A-1060 Wien, Liniengasse 2A. E-Mail: sorger@lrsocialresearch.at

📖 BUCHTIPPS 📖

➲ *Jens Borchert*
Erziehung im DDR-Strafvollzug. Theoretische und gesetzliche
Grundlagen sowie die Durchführung in der Strafvollzugseinrichtung Torgau
Beiträge zu Kriminologie und Strafrecht, Band 1, 2002, 162 Seiten,
ISBN 978-3-8255-0388-8, € 21,90

➲ *Bundesarbeitsgemeinschaft der Lehrer im Justizvollzug (Hg.)*
Justizvollzug & Pädagogik. Tradition und Herausforderung
Studien und Materialien zum Straf- und Maßregelvollzug, Band 9, 2. Auflage 2001,
200 Seiten, ISBN 978-3-8255-0270-6 , 20,35 €

➲ *Ommerborn, Rainer / Schuemer, Rudolf*
Fernstudium im Strafvollzug
Studien und Materialien zum Straf- und Maßregellvolzug, Band 6, 1999, 244 Seiten,
ISBN 978-3-8255-0232-4, 25,46 €

➲ *Rehn, Gerhard / Wischka, Bernd / Lösel Friedrich / Walter, Michael (Hg.)*
Behandlung „gefährlicher Straftäter". Grundlagen, Konzepte, Ergebnisse
Studien und Materialien zum Straf- und Maßregelvollzug, Band 11,
2. überarb. Auflage 2001, 442 Seiten, ISBN 978-3-8255-0315-4 , 35,69 €

➲ *Rehn, Gerhard / Nanninga, Regina / Thiel, Andreas (Hg.)*
Freiheit und Unfreiheit. Arbeit mit Straftätern innerhalb
und außerhalb des Justizvollzuges
Studien und Materialien zum Straf- und Maßregelvollzug, Band 21, 2004,
598 Seiten, ISBN 978-3-8255-0459-5 , 33,90 €

➲ *Ahmet Toprak*
Jungen und Gewalt. Die Anwendung der Konfrontativen Pädagogik
in der Beratungssituation mit türkischen Jugendlichen
Reihe Pädagogik, Band 24, 2005, 112 Seiten,
ISBN 978-3-8255-0527-1, 15,90 €

➲ *Thomas Weipert*
Lebenswelt Gefängnis. Einblick in den Jugendstrafvollzug
mit Berichten junger Gefangener
Beiträge zu Kriminologie und Strafrecht, Band 3, 2003, 110 Seiten, 14 s/w-Abb., 17,40 €

Besuchen Sie uns im Internet!

---

www.centaurus-verlag.de